1x8

Ocho libros en uno

Este libro es una obra colectiva concebida, diseñada
y creada en el Departamento de Ediciones de Santillana,
bajo la dirección de **Teresa Grence**.

En su elaboración han participado:

Textos:
Fernando Almena, José Carlos Andrés, Fernando Blasco,
Javier Fonseca, Santiago García-Clairac, Nuria del Peso,
Sofía Rhei, Manuel Sánchez-Montero, Axier Uzkudun

Ilustraciones:
Enrique Flores, José Ignacio Gómez, Verónica Grech,
Elena Hormiga, Raquel Martín, Rigelmoon (Marcela Torres),
Irene Pérez, Marta Sevilla

Dirección del proyecto y edición:
Lola Núñez

Dirección y coordinación editorial de Primaria:
Maite López-Sáez

Lecturas 5

Uno por ocho, itinerarios de lectura para Primaria

Este libro de lectura está formado por ocho libros diferentes, ocho itinerarios de lectura que animan a las lectoras y a los lectores a explorar paisajes y experiencias para leer y disfrutar, con un enfoque totalmente nuevo y sorprendente.

Cada itinerario es diferente a los demás, el paso de uno a otro asombra y motiva a los pequeños a descubrir distintas fórmulas de lectura y crear así su propio **mapa literario**.

Cómo están organizados los libros

Los **itinerarios de lectura** se articulan en torno a:

- Los **temas**, actuales y próximos a los intereses de los niños y las niñas.
- Las **tipologías textuales** y los **géneros literarios**, variados, originales y con una gran riqueza de modelos.

Las **actividades** convierten en protagonistas a los lectores y las lectoras, son motivadoras y profundizan en la comprensión, así como en el desarrollo de la expresión oral y la creatividad. Se organizan en tres categorías:

- ***Después de leer***, ***¡Ahora tú!***..., actividades inmediatas, que aparecen junto a cada texto.
- ***Club de lectura***, al final de cada itinerario/libro.
- ***Diario de lectura***, como recopilatorio al final del volumen.

Las imágenes son variadas, sugerentes y de gran calidad, y proporcionan soportes muy ricos a las lecturas; de este modo, el aspecto gráfico de cada itinerario es también un vehículo para trabajar la comprensión y para desarrollar la imaginación.

Cada itinerario comienza con un índice y una pequeña reflexión sobre la lectura.

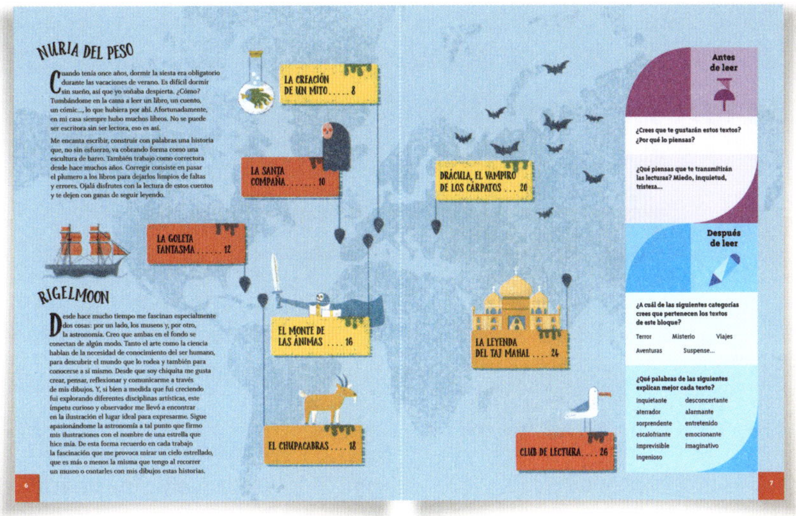

Los textos se presentan con formatos muy diversos, para que los lectores y las lectoras se acostumbren a distintos soportes gráficos.

Las actividades ponen en juego habilidades lectoras que estimulan la reflexión, la expresión oral y la creación.

Mapa literario de tercer curso

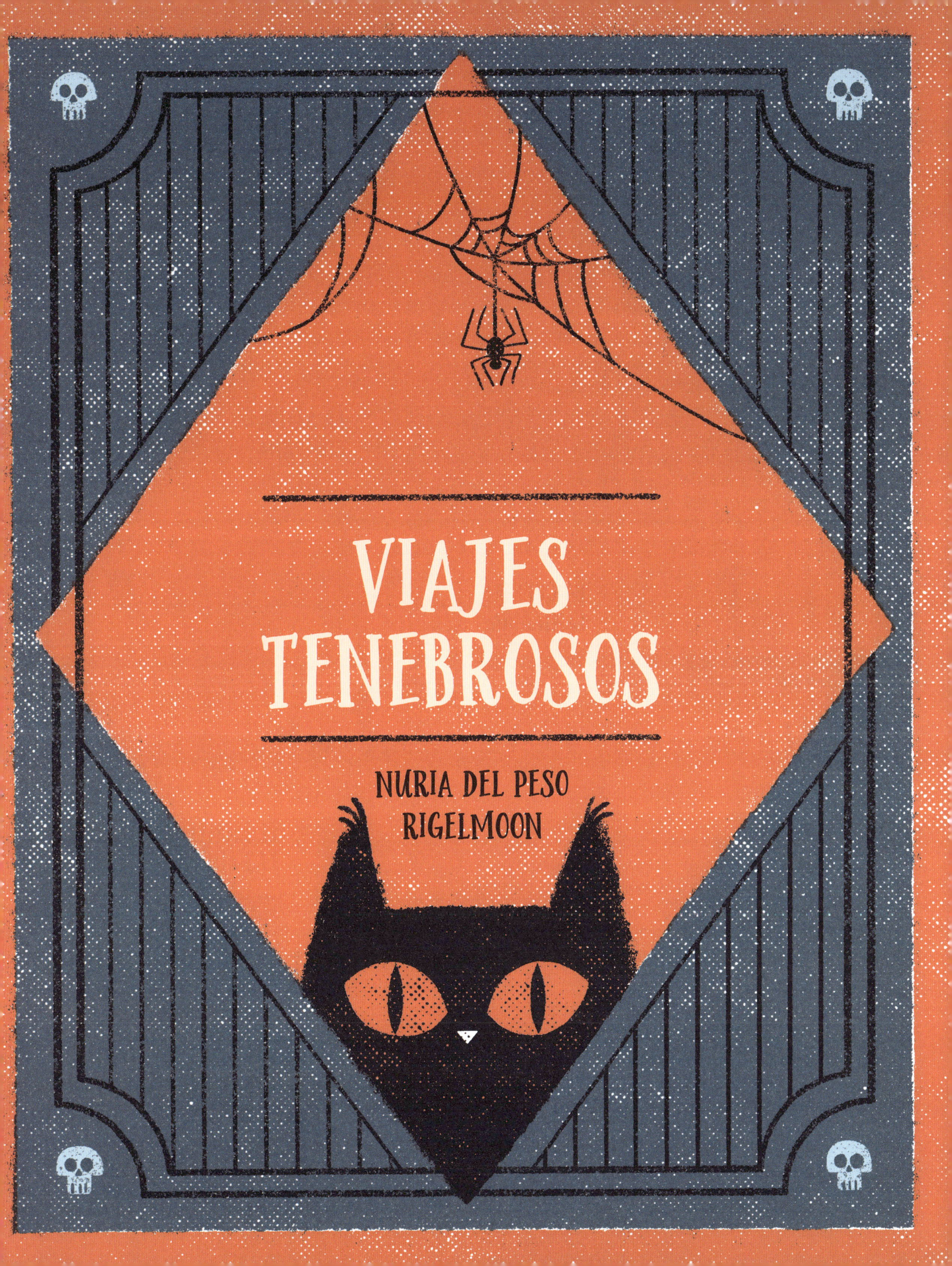
VIAJES
TENEBROSOS
NURIA DEL PESO
RIGELMOON

NURIA DEL PESO

Cuando tenía once años, dormir la siesta era obligatorio durante las vacaciones de verano. Es difícil dormir sin sueño, así que yo soñaba despierta. ¿Cómo? Tumbándome en la cama a leer un libro, un cuento, un cómic..., lo que hubiera por ahí. Afortunadamente, en mi casa siempre hubo muchos libros. No se puede ser escritora sin ser lectora, eso es así.

Me encanta escribir, construir con palabras una historia que, no sin esfuerzo, va cobrando forma como una escultura de barro. También trabajo como correctora desde hace muchos años. Corregir consiste en pasar el plumero a los libros para dejarlos limpios de faltas y errores. Ojalá disfrutes con la lectura de estos cuentos y te dejen con ganas de seguir leyendo.

RIGELMOON

Desde hace mucho tiempo me fascinan especialmente dos cosas: por un lado, los museos y, por otro, la astronomía. Creo que ambas en el fondo se conectan de algún modo. Tanto el arte como la ciencia hablan de la necesidad de conocimiento del ser humano, para descubrir el mundo que lo rodea y también para conocerse a sí mismo. Desde que soy chiquita me gusta crear, pensar, reflexionar y comunicarme a través de mis dibujos. Y, si bien a medida que fui creciendo fui explorando diferentes disciplinas artísticas, este ímpetu curioso y observador me llevó a encontrar en la ilustración el lugar ideal para expresarme. Sigue apasionándome la astronomía a tal punto que firmo mis ilustraciones con el nombre de una estrella que hice mía. De esta forma recuerdo en cada trabajo la fascinación que me provoca mirar un cielo estrellado, que es más o menos la misma que tengo al recorrer un museo o contarles con mis dibujos estas historias.

Antes de leer

¿Crees que te gustarán estos textos? ¿Por qué lo piensas?

¿Qué piensas que te transmitirán las lecturas? Miedo, inquietud, tristeza...

Después de leer

¿A cuál de las siguientes categorías crees que pertenecen los textos de este bloque?

Terror · Misterio · Viajes · Aventuras · Suspense...

¿Qué palabras de las siguientes explican mejor cada texto?

- inquietante
- desconcertante
- aterrador
- alarmante
- sorprendente
- entretenido
- escalofriante
- emocionante
- imprevisible
- imaginativo
- ingenioso

LA CREACIÓN DE UN MITO

Aunque ya estaba mediado el mes de mayo, hacía un frío inusual. Mary y Percy Shelley habían sido invitados por su amigo el poeta Lord Byron a pasar unos días en la villa Diodati, un lugar solitario y tranquilo de los Alpes suizos donde pretendían disfrutar de la naturaleza y dar paseos en barca por el gran lago Lemán. Pero, en el verano de 1816, esa misma naturaleza se había vuelto en su contra y las continuas tormentas los obligaron a permanecer un día tras otro en aquel caserón inquietante.

Una noche, al abrigo de la hoguera, se les ocurrió matar el tiempo contando historias terroríficas. El espantoso aguacero y aquel lugar invitaban a ello. A la mañana siguiente, Byron propuso un juego.

–Cada uno de nosotros escribirá un relato de terror. Lo leeremos al resto y el que nos provoque más miedo será el vencedor.

Pasaron todo el día encerrados en sus habitaciones sin parar de escribir. Después de una suculenta cena, esa misma noche, junto a las llamas crepitantes de la chimenea, comenzó el juego.

Byron y Percy ya habían acabado sus relatos, eran muy buenos. Mary estaba nerviosa porque ellos ya eran escritores famosos y ella aún no había publicado nada, pero creía en su historia. Su protagonista, Víctor Frankenstein, era un científico convencido de poder resucitar cuerpos sin vida. Después de muchos estudios, decidió ir un paso más allá y crear un nuevo ser con partes de distintos cadáveres. Una enorme criatura de dos metros y medio de alto, un verdadero monstruo.

Mary relataba su historia con tono misterioso, mientras sus compañeros la seguían boquiabiertos.

Una lluviosa noche como esta, a la débil luz de una vela, Frankenstein vio como su monstruo abría los ojos y comenzaba a respirar.

El doctor observó su obra sintiéndose un dios, pero al instante salió corriendo de la habitación, horrorizado al ver lo que había creado. Cuando regresó, su criatura había desaparecido...

En ese momento, en la pared de la sala se proyectó una sombra gigantesca, de casi dos metros y medio de altura. Ante esa visión, contuvieron el aliento y comenzaron a temblar. Al darse la vuelta descubrieron la figura de Polidori, médico y amigo de Byron. Habían olvidado que esperaban a un nuevo invitado en la villa.

Se habían asustado por una tontería, todos estaban de acuerdo, pero esa noche los tres durmieron con un ojo abierto. Mary había ganado el juego y el monstruo de Frankenstein había cobrado vida.

¡Ahora tú!

Explica con tus propias palabras las siguientes expresiones del texto:

- «esa misma naturaleza se había vuelto en su contra»
- «Una noche, al abrigo de la hoguera»
- «se les ocurrió matar el tiempo»
- «junto a las llamas crepitantes de la chimenea»
- «a la débil luz de una vela»
- «observó su obra sintiéndose un dios»
- «los tres durmieron con un ojo abierto»

Elige una de las expresiones anteriores. Utilízala como inicio de un relato breve de unas cien palabras. Antes de escribir, piensa:

- ¿Qué tema tratarás?
- ¿Dónde se desarrollará?
- ¿Quiénes serán los protagonistas?

LA SANTA COMPAÑA

No había vuelto a Muros desde el año en que empecé a creer en meigas, fantasmas y muertos vivientes. Ese verano mi madre enfermó y a mí me enviaron con el abuelo Santi para que ella pudiera descansar.

Yo tenía once años y era una niña valiente, me encantaban las historias de miedo y me moría de ganas por escuchar las leyendas que tanto asustaban a mis dos primos, con los que pasaría las vacaciones en la casona familiar.

Al hablar de la Santa Compaña se ponían pálidos de terror y yo me reía de ellos y los llamaba cobardes.

–Tú ríete, pero conocemos a varios que la han visto. Y Rosalía, la panadera, murió de una extraña enfermedad después de habérsela encontrado.

–Sois unos gallinas.

–Y tú te crees muy lista, ¿verdad? ¿A que no te atreves a ir al camino tú sola?

–¿A que sí? –contesté con chulería.

En la noche de San Juan esperamos a que el abuelo se durmiera en su vieja mecedora. Tenía la idea de que, si se tumbaba en la cama, nunca se volvería a levantar. Cuando le oímos roncar, salimos a hurtadillas y fuimos al lugar donde los muertos se aparecían.

Eran las doce cuando mis primos me dejaron y salieron corriendo como alma que lleva el diablo. La oscuridad era total y yo estaba más asustada de lo que quería reconocer. Pero allí, lógicamente, no había nadie. Decidí esperar un poco más para volver triunfante a casa y burlarme de ellos el resto del verano.

Entonces sucedió. Primero distinguí una tenue luz al fondo. De repente, un fuerte olor a cera de velas ardiendo inundó mi nariz. Una fila de seres espectrales se acercaba a paso lento; delante de ellos otra figura, con rasgos más humanos, llevaba un candil que iluminaba el sendero. Me quedé petrificada sin poder apartar la vista de aquella escena.

Justo en ese momento, alguien me agarró con fuerza y me tiró al suelo. Era mi primo Camilo, que había vuelto a buscarme, arrepentido de haberme puesto en peligro. Había dibujado un círculo en el suelo y dentro de él permanecimos los dos hasta que se disipó el aroma de las velas.

Nunca le contamos a nadie lo que pasó aquella noche. Pero hoy, quince años después, he regresado a Muros y, al encontrarme a Camilo, nos hemos abrazado con la complicidad de aquel verano en el que empecé a creer en meigas, fantasmas y muertos vivientes.

Después de leer

Esta historia se cuenta en dos momentos diferentes. Lee con atención y contesta:

- ¿Cuándo empezó la aventura? ¿Qué ocurrió?
- ¿Qué parte de la historia se desarrolla en la actualidad? ¿Cuánto tiempo ha pasado? ¿Qué sucede?

¡Ahora tú!

La protagonista de esta historia se ve metida en un lío por reírse de las creencias de sus primos. ¿Os parece correcto despreciar las creencias de otra persona? Organizad en clase un breve debate sobre este tema.

LA GOLETA FANTASMA

Entre las islas Bermudas, la isla de Puerto Rico y la ciudad de Miami hay una franja de mar que forma un triángulo equilátero: el triángulo de las Bermudas. Un nombre que los marineros más aguerridos no pueden escuchar sin sentir que un sudor frío les recorre todo el cuerpo, ya que en sus oscuras aguas han tenido lugar sucesos espeluznantes.

Corría el verano de 1881 cuando la goleta Ellen Austin navegaba frente a las costas de Florida con destino al puerto de Nueva York. Era una ruta conocida que aprovechaba las corrientes de esa zona para poder ascender luego rumbo norte. Al mando de la nave iba el capitán Baker, hombre audaz y experimentado marino.

Una tarde del mes de agosto, el vigía divisó una goleta de dos mástiles que avanzaba penosamente, pues apenas hacía viento aquel día. Aquella embarcación no llevaba ninguna señal que la identificara y eso intrigó al capitán, que decidió acercarse a comprobar si todo estaba en orden.

–¡Ah del barco! –gritó.

Pero a sus gritos solo respondió el rumor del mar. Inquieto por lo que podía haber sucedido, Baker ordenó arriar uno de los botes para inspeccionar aquella extraña goleta, que fue registrada de proa a popa y de babor a estribor. Allí no había ni un alma, no apreciaron signos de violencia y no encontraron avería alguna, todo estaba perfectamente ordenado, y una valiosa carga de finas maderas de caoba los aguardaba intacta en la bodega.

Los marineros se debatían entre el miedo que les inspiraba la misteriosa desaparición de la tripulación al completo y la importante suma de dinero que conseguirían al vender aquellas maderas. La segunda opción tuvo más éxito y el capitán dejó a unos pocos hombres a bordo de la goleta con orden de que los siguieran.

Los dos primeros días transcurrieron con total normalidad, pero en la tarde del tercero se desató una terrible tempestad que azotó los barcos con una fuerza inusual. Los marineros temieron por sus vidas, nunca habían visto nada igual; sin embargo, no tuvieron tiempo de reaccionar, porque, a los pocos minutos, la tormenta había cesado y la sucedió un silencio sepulcral. La goleta sin nombre había desaparecido y con ella parte de la tripulación de la Ellen Austin.

Baker puso todo su empeño en encontrar el navío perdido, no pensaba dejar atrás ni a sus hombres ni aquella preciada mercancía. Después de buscarlo durante varios días, el vigía creyó distinguirlo a lo lejos.

–¿Va todo bien? –gritó el capitán–. Contestad, ¡por todos los diablos!

Pero, tal y como había ocurrido la primera vez, la respuesta fue el silencio absoluto. Cuando subieron a bordo, el crujir de las botas pisando sobre la cubierta sonaba como un quejido. Lo que encontraron los dejó mudos de terror: todo estaba de nuevo en orden y sus compañeros desaparecidos... ¡ni siquiera habían tocado la comida!

Pero el capitán no se acobardaba fácilmente. Tenía que haber alguna explicación lógica a esas misteriosas desapariciones, ¡estaba seguro! Entre la tripulación, sin embargo, empezaron a correr rumores sobre monstruos marinos y temibles fantasmas.

–Vámonos de aquí o moriremos todos.

–¡Quietos! –ordenó Baker furioso–. Ninguna maldita superstición conseguirá asustarme. Llevaré ese barco a puerto y vosotros vais a venir conmigo.

Escogió a cuatro de sus marineros y los armó hasta los dientes.

–No os separéis ni un milímetro. Si hacéis lo que os digo, nada malo puede suceder.

El día había amanecido soleado y el capitán, fiel a su palabra, llevaba las dos embarcaciones navegando tan cerca una de la otra que los hombres de ambas se oían respirar. Pero la mala suerte o la maldición de aquel lugar volvió a torcer el rumbo de aquellos barcos. Una niebla tan densa que se podía cortar con un cuchillo surgió de la nada para partir en dos el espacio que unía las naves. Las luces de la goleta aún podían verse, lo que indicaba que seguían estando muy cerca. Oían los gritos y lamentos de sus cuatro compañeros que, poco a poco, se hicieron más lejanos hasta perderse en el océano.

Cuando al fin se disipó la neblina, comenzó una búsqueda desesperada. Pero todos los esfuerzos fueron inútiles. Tras cuatro días frenéticos, en los que estuvo a punto de enfrentarse a un motín, el capitán Baker no tuvo más remedio que poner rumbo a Nueva York sin haber hallado el menor rastro de sus hombres.

La goleta, con todos sus misterios, se había desvanecido delante de sus ojos y nadie volvió a verla jamás.

Después de leer

En las historias de marineros, estos suelen caracterizarse por ser supersticiosos. Localiza la parte del texto donde se observa esta característica entre la tripulación.

Busca en el texto los distintos sustantivos que se utilizan como sinónimos de *barco*. ¿Cuántos has encontrado? Compara la lista con un compañero o compañera.

¡Ahora tú!

Imagina qué pudo ocurrirles a los marineros desaparecidos. Inventa una breve historia en la que se explique lo que les sucedió.

EL MONTE DE LAS ÁNIMAS

El conde Alonso de Alcudiel y su prima Beatriz, que había viajado a Soria desde la corte francesa, habían salido de cacería con parte de su séquito. Era la noche de Todos los Santos, ya se empezaba a hacer tarde y Alonso dijo:

–Parad, nos acercamos al monte de las Ánimas. Volvamos al castillo.

Todos asintieron y comenzaron a darse la vuelta. Beatriz preguntó por qué tenían que volver. A lo que Alonso le respondió contándole una historia.

–Hace mucho tiempo vivían en este monte los templarios, guerreros religiosos a quienes el rey había encargado vigilar la zona. Los nobles de estas tierras no los aceptaban y el odio fue creciendo entre ellos hasta que una noche como esta tuvo lugar una sangrienta batalla en la que todos perdieron la vida. Desde entonces, la noche de Todos los Santos los esqueletos de los muertos recorren el monte buscando nuevos enemigos a los que destruir.

–Alonso, no creerás en serio ese cuento, ¿verdad? –dijo ella riendo.

Esa noche, después de la cena, Alonso quiso hacerle un regalo a Beatriz como recuerdo, pues ella volvería pronto a Francia.

–Este broche perteneció a mi madre, quiero que lo tengas tú para que nos recuerdes siempre.

–Yo también quería regalarte algo, Alonso. Era la cinta azul que llevaba en la cacería. Sé que te gustaba mucho, pero la perdí en el monte.

–Cualquier otra noche habría ido a buscarla sin pensarlo, pero esta... ¡Imposible!

–Supongo que tendrás miedo de que te ataque algún lobo. Déjalo, entonces.

Alonso no podía consentir que Beatriz pensara que era un cobarde, así que salió al galope hacia el monte dispuesto a recuperar la cinta.

Aquella noche, Beatriz se fue a la cama sin que Alonso hubiera regresado. Intentaba dormir y no podía. Algo la despertaba constantemente: ruidos extraños, murmullos lejanos, aullidos de lobos y gritos humanos. A ratos sentía un frío intenso e incluso creyó notar unas pisadas cerca de su cama.

Los primeros rayos de luz iluminaron la habitación de Beatriz, pero, cuando abrió los ojos, su grito desgarrador atravesó todo el castillo. Una de las criadas que entraba para darle la fatal noticia de la muerte de Alonso la encontró blanca, rígida y con la mirada fija en una cinta azul ensangrentada que alguien había dejado junto a ella. La joven había muerto de terror.

(Adaptación de la leyenda de Gustavo Adolfo Bécquer).

Después de leer

En esta historia hay dos historias, una dentro de otra. Reflexiona y contesta:

- ¿Cuál es la historia principal? ¿Quiénes son los personajes? ¿Crees que podría ser una historia real?
- ¿Qué historia se cuenta dentro de la principal? ¿Quiénes son los personajes? ¿Podría ser una historia real?
- ¿Por qué están relacionadas ambas historias?
- ¿Esta leyenda es real o es fantástica?

EL CHUPACABRAS

Era la noche del fuego de campamento, en la que cada uno debía contar una historia de terror. Llegó el turno de Diego. Lo miramos expectantes. Nos habíamos sentado todos muy juntos alrededor de la hoguera y estábamos deseosos de escucharle.

–Creo que ya sabéis que mi madre es de Puerto Rico –empezó–. Antes de venir a España, vivía en Canóvanas, un pueblo situado al norte de la isla. Mi abuelo es criador de cabras y ovejas. Cuenta mi madre que una mañana una de las cabras de su rebaño amaneció muerta. Lo único que encontraron fue un par de marcas circulares en su cuello, como si algún animal la hubiera mordido. En el pueblo no entendían lo que había ocurrido. Si hubiera sido el ataque de un lobo, la cabra habría aparecido desgarrada, pero solo tenía esas dos marcas en su cuello. Un lugareño les contó entonces la leyenda del chupacabras.

«Es un animal del demonio, sin un solo pelo en el cuerpo, con el lomo cubierto por escamas afiladas que cortan como cuchillos y los ojos incandescentes como las llamas. Si lo veis, corred lo más rápido que podáis, porque su sed de sangre no tiene límites».

–Algunos del pueblo lo tomaron por loco y decidieron hacer guardia para dar caza al animal que había matado algo tan valioso para ellos. Esa misma noche, un grupo de ganaderos, entre ellos mi abuelo, hicieron una ronda de vigilancia esperando al asesino. Mi abuelo no quiere hablar de lo que ocurrió, pero dicen en el pueblo que aquella noche comenzaron a oír unos ruidos aterradores, como un sonido de dientes chirriantes y jadeos que daba escalofríos, y que, cuando se pusieron en círculo alrededor de las cabras para protegerlas, una bestia horrible se lanzó sobre ellos para atacarlos. Salieron corriendo como locos, acordándose de las palabras del lugareño. A la mañana siguiente, todas las cabras y ovejas del rebaño aparecieron muertas, con dos hendiduras parecidas a las que dejan los vampiros en sus víctimas. Había sido, sin duda alguna, el chupacabras.

Justo en ese momento de tensión, oímos los balidos quejumbrosos de Molly, una cordera que se había convertido en nuestra mascota. Sin pensarlo dos veces, Carlos y yo salimos disparados para salvarla de las garras del chupacabras.

Molly solo se había enganchado una pata con el alambre de una valla. Igualmente la ayudamos, claro; pero nuestra decisión nos sirvió para ganar ese verano el trofeo Juan sin Miedo a los más valientes del campamento.

Después de leer

Formad grupos de tres miembros y escribid en cada grupo las definiciones de las siguientes palabras sin buscarlas en el diccionario:

expectante	deseoso
desgarrada	leyenda
incandescente	aterrador
chirriante	jadeo
lugareño	hendidura

¡Ahora tú!

Imagina y describe un escenario siniestro en el que te gustaría escuchar y contar historias de miedo. Explica dónde está, cómo es el ambiente, quiénes están contigo... Si lo deseas, puedes acompañar tu descripción con un dibujo.

DRÁCULA, EL VAMPIRO DE LOS CÁRPATOS

El joven abogado inglés Jonathan Harker llegó, ya entrada la noche, al castillo de su nuevo cliente, el conde Drácula, situado en los montes Cárpatos, en la región de Transilvania. Estaba invitado a pasar unos días allí para arreglar algunos asuntos que tenían pendientes.

Al principio, el conde le pareció un hombre encantador y aquel castillo era realmente increíble, pero al poco tiempo empezó a notar extrañas costumbres en su anfitrión.

Jonathan se comunicaba a menudo por carta con Mina, su prometida, y en esas cartas decidió contarle sus sospechas.

«El conde tiene algo que se sale de lo común. Hace siempre vida nocturna, jamás le he visto comer en mi presencia y, lo más raro de todo, tengo casi la certeza de que no se refleja en los espejos».

Sus temores no eran infundados, pronto el conde empezó a mostrar su verdadera naturaleza: se trataba de un vampiro sanguinario y despiadado que mantenía prisionero a su abogado.

La crueldad de Drácula era tal que no soportaba el amor que Jonathan sentía por Mina.

La rabia que sentía empujó al malvado conde a vengarse de los amantes y emprendió viaje a Inglaterra para apoderarse del alma de Mina, mientras el abogado permanecía preso en el castillo.

Durante el viaje en barco, el conde descansaba de día en su ataúd. De noche, se levantaba para alimentarse de la sangre de la tripulación. Así, la embarcación llegó a puerto sin supervivientes. Al tocar puerto y, antes de que nadie se enterase, el vampiro escapó para ir en busca de su víctima.

Mientras tanto, Jonathan había podido huir de su prisión y regresaba a Inglaterra decidido a proteger a su amada.

Mina pasaba unos días de vacaciones en la casa de verano de su amiga Lucy.

Una noche, el conde llegó al lugar, decidido a apoderarse de la joven. Pero se confundió de habitación y entró en la de Lucy. El malvado la mordió y chupó su sangre.

Durante varias noches más, el ritual se repitió y, a la vuelta de las vacaciones, Lucy comenzó a manifestar los síntomas de una enfermedad desconocida: extrema palidez, debilidad y dos pequeños orificios en el cuello..., ¡la marca del vampiro!

Preocupada por su amiga, Mina contactó con el doctor Van Helsing, un brillante médico especialista en enfermedades misteriosas.

–No hay nada que hacer –dijo Van Helsing después de reconocerla– salvo rezar por su alma.

Lucy murió.

Jonathan había llegado por fin a Inglaterra y se había reencontrado con su amada. Una tarde en que ambos estaban con el doctor, al leer una noticia en el periódico, Mina exclamó:

–Oh, Dios mío, dicen que una dama de gran palidez es la responsable de morder en el cuello y chupar la sangre de niños pequeños. No puede ser...

–Sí, mi querida amiga, tus sospechas son ciertas. Lucy se ha convertido en una vampira –afirmó Van Helsing–. No queda más remedio que actuar.

–¿A qué se refiere, doctor? –preguntó Jonathan.

Por toda respuesta, Van Helsing cogió su maletín y salió en dirección al mausoleo donde habían enterrado a Lucy.

Cuando la vampira regresó a su ataúd después de su cacería nocturna, Van Helsing la estaba esperando para clavarle una estaca en el corazón: el único modo de matar a un vampiro.

–Ahora por fin podrá descansar en paz.

Enfurecido por haber perdido a Lucy, el conde estaba deseando vengarse. Así, una noche, consiguió burlar todas las protecciones, entrar en la habitación de Mina y morderla en el cuello.

A la mañana siguiente, Mina se encontraba muy aturdida. Pronto se dio cuenta de lo que estaba ocurriendo y acudió a Van Helsing en busca de ayuda.

–Si vuelve a morderme, me convertiré en vampira, ¿no es cierto?

–Sí, Mina, así es.

–Si eso llegara a ocurrir, por favor, cláveme una estaca. ¡Prefiero morir a convertirme en un ser monstruoso!

Aunque lo intentó varias veces, Drácula no pudo acercarse en las noches siguientes a Mina y regresó a su tierra natal profiriendo amenazas contra los que habían frustrado sus planes.

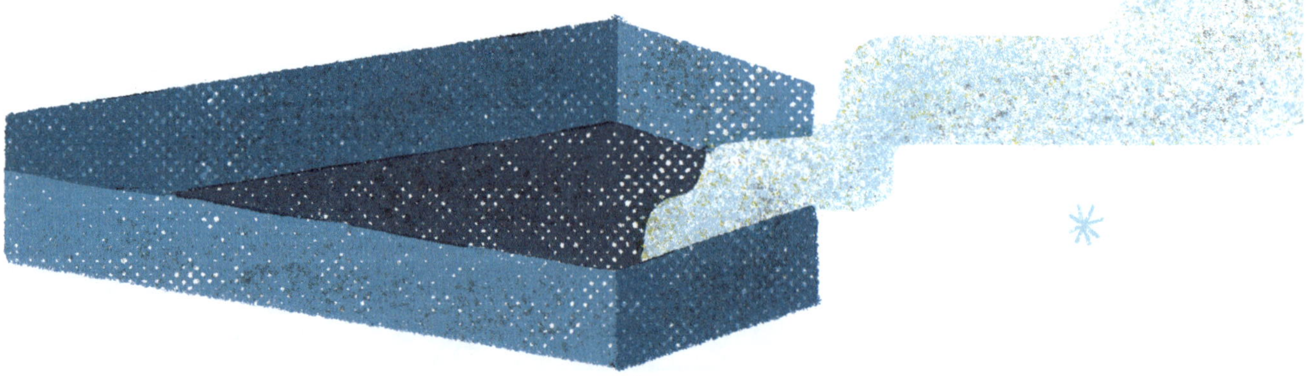

Pero Mina, Jonathan y Van Helsing decidieron perseguirlo para acabar con él de una vez por todas.

Una vez en Transilvania, galoparon hacia el castillo.

Una triste mañana, Jonathan reconoció el carromato que transportaba el féretro de Drácula.

–¡Allí está y se dirige hacia su castillo!

Lo alcanzaron por fin. Jonathan, sacando fuerzas de flaqueza, se lanzó sobre el ataúd, que, cayendo al suelo, se abrió con un terrible crujido.

Los tres se quedaron paralizados ante la horrible visión del vampiro. En un instante, el sol se pondría y el conde recuperaría su fuerza sobrehumana para atacarlos. Antes de que eso ocurriera, Jonathan, fortalecido por el amor que le inspiraba Mina y el odio que sentía hacia el conde, le clavó con todas sus fuerzas una estaca en el corazón.

Nada más caer el sol, Drácula se convirtió en polvo y desapareció para siempre. Jonathan y Mina se abrazaron, habían logrado vencer al monstruo.

Después de leer

¿En qué época crees que se desarrolla esta historia? ¿Por qué lo piensas?

Di cuáles de estas oraciones son verdaderas y corrige las que sean falsas:

- Jonathan va voluntariamente al castillo del conde.
- Lucy se convierte en vampira al ser mordida una sola vez por Drácula.
- Van Helsing es un especialista en enfermedades del corazón.
- Mina pide a Van Helsing que la mate si se convierte en vampira.
- Van Helsing mata a Drácula clavándole una estaca en el corazón.

¡Ahora tú!

Imaginad que hacéis una entrevista a Mina sobre lo ocurrido. Por parejas, inventad 4 o 5 preguntas y sus respuestas. Después, dramatizad vuestra entrevista ante el resto de la clase.

LA LEYENDA DEL TAJ MAHAL

En la ciudad de Agra, en el corazón de la India, se levanta majestuoso el Taj Mahal, un impresionante monumento fruto del amor que acabó desencadenando locura, odio y terror. Una evidencia de cómo algo inmensamente bello puede convertirse en escenario de los más terribles acontecimientos.

El emperador Shah Jahan estaba perdidamente enamorado de su esposa, Mumtaz Mahal. Pero ella, al dar a luz a su decimocuarto hijo, cayó enferma de gravedad. En su lecho de muerte, hizo prometer a su esposo que construiría un mausoleo donde enterrarla y que iría a visitarla en cada uno de los aniversarios. Dicho esto, exhaló su último aliento.

Loco de dolor por la pérdida de su amada, Shah Jahan dedicó 22 años a edificar la más increíble tumba jamás realizada. La obra fue muy costosa y el emperador derrochó muchas riquezas que hubieran servido para alimentar a su pueblo, que moría de hambre. En la construcción del Taj Mahal trabajaron sin descanso más de 20.000 personas. Al terminar el proyecto, lejos de ser agasajados como merecían, los trabajadores que habían participado en la construcción recibieron el más cruel de los castigos. La locura del emperador era tal que mandó dejar ciegos a todos los arquitectos y después obligó a cortarles las manos para que nunca, en ningún otro lugar de la Tierra, pudiera reproducirse un edificio de tan singular belleza.

Las gentes se horrorizaron ante este hecho insólito y por toda la corte corrió como la pólvora la noticia de que Shah Jahan había perdido definitivamente la cabeza. Los hijos del emperador se volvieron contra su padre y trataron de hacerse con el control del imperio. Algunos planeaban asesinarlo. Acabó venciendo Aurangzeb que, tras deshacerse de sus hermanos, se nombró a sí mismo emperador y encerró a su padre en una de las torres de la fortaleza de Agra.

Cuenta la leyenda que, desde allí, Shah Jahan podía ver la tumba de su esposa y que pasó ocho largos años encerrado mirándola cada día hasta que murió. Y hay quien dice que, amarrados a su pecho, encontraron los planos para edificar un edificio gemelo de color negro frente a la blanca piedra del mausoleo de Mumtaz. Aurangzeb no quiso cumplir con la tradición de edificar un panteón propio donde sepultar a su padre.

–No gastaré ni una sola moneda más en fastuosos edificios –dijo resentido.

El Taj Mahal, un monumento estrictamente simétrico, solo tiene un elemento que parece estar colocado fuera de su lugar: la tumba de Shah Jahan, la venganza de Aurangzeb.

Cada año millones de personas visitan la ciudad de Agra solo para admirar la belleza del lugar, posiblemente ajenos a los terribles sucesos que lo enturbian. Allí descansan aún los cuerpos de los dos amantes, juntos por toda la eternidad.

Después de leer

Explica el significado de las siguientes expresiones:

- «exhaló su último aliento»
- «corrió como la pólvora»
- «había perdido definitivamente la cabeza»
- «juntos por toda la eternidad»

¡Ahora tú!

Imagina que eres guía turístico del Taj Mahal. Cuenta la historia a tu manera para captar la atención de la gente que visita el monumento. Dale un toque de misterio para hacerla más interesante.

CLUB de Lectura

¿Qué preguntas te gustaría hacer a Nuria del Peso sobre los textos que has leído?

Recuerda en qué textos aparecían los siguientes personajes y explica por qué crees que se comportan de ese modo:

- El doctor Frankenstein.
- El emperador Shah Jahan.
- El doctor Van Helsing.
- El capitán Baker.
- El conde Alonso de Alcudiel.

Si tuvieras que escribir un relato de miedo o de misterio, ¿dónde lo situarías? Explica por qué.

Elige una de las historias que has leído en este bloque e imagina cómo podrías transformarla en otro tipo de relato: de ciencia-ficción, de aventuras, de humor...

Descubre el siguiente mensaje secreto. Para ello, debes buscar las palabras que se indican y escribirlas en orden.

Página 11, línea 6, palabra 10.ª

Página 25, línea 1, palabra 3.ª

Página 22, línea 22, palabra 4.ª

Página 18, línea 8, palabra 11.ª

Página 21, línea 2, palabra 3.ª

Página 8, línea 22, palabra 7.ª

Construye tú un mensaje secreto del mismo modo para que lo intenten descifrar tus compañeras y compañeros.

DESAFÍOS
Fernando
Blasco
Elena
Hormiga

FERNANDO BLASCO

Soy profesor de Matemáticas en la Universidad Politécnica de Madrid. Me gustan mucho los juegos lógicos y por eso soy un apasionado de la matemática recreativa, la resolución de problemas y los puzles matemáticos. También soy mago aficionado. Colaboro habitualmente en medios de comunicación y he escrito varios libros de diferentes temáticas. Creo que las matemáticas forman un universo apasionante y deben ser comprendidas y manejadas por cualquier persona. Te invito a disfrutar con estos desafíos; espero que te animes y busques más y más.

ELENA HORMIGA

Elena Hormiga nació el día en que decidió ser ilustradora en vez de ingeniera; fue entonces cuando eligió su nueva actividad y su nuevo nombre: «hormiga». Desde ese momento, utiliza sus seis patas para dibujar, recortar papeles de colores y llevar el ritmo mientras escucha música.

ÍNDICE

Antes de leer

¿Qué crees que vas a encontrar en este bloque de textos?

¿Te gustan los desafíos?

¿De qué tipo serán los que vas a encontrar aquí? Pon algún ejemplo.

Después de leer

¿Has conseguido superar todos los desafíos?

¿Cuál te ha parecido más sorprendente? ¿Por qué?

PALABRAS MÁGICAS

Dafne es feliz con un libro en las manos. Puede pasar horas y horas leyendo y descubriendo nuevas palabras; también le encanta pensar en las palabras que ya conoce y detectar entre ellas relaciones que pueden parecer casi mágicas, aunque ella cree que para todo lo que ocurre existe un motivo lógico y demostrable.

Uno de los juegos favoritos de Dafne consiste en contar letras y palabras en un párrafo, ¡y los resultados suelen ser sorprendentes! El juego es así: Dafne elige una palabra de las dos primeras frases de un texto; luego, cuenta cuántas letras tiene esa palabra; a continuación, avanza en el texto tantas palabras como indica el número de letras de la palabra hasta llegar a otra palabra; cuenta las letras que tiene y vuelve a avanzar ese número de palabras en el texto. Sigue así hasta que termina el párrafo. Y..., casi siempre, empiece por la palabra que empiece, llega al final del párrafo al mismo lugar.

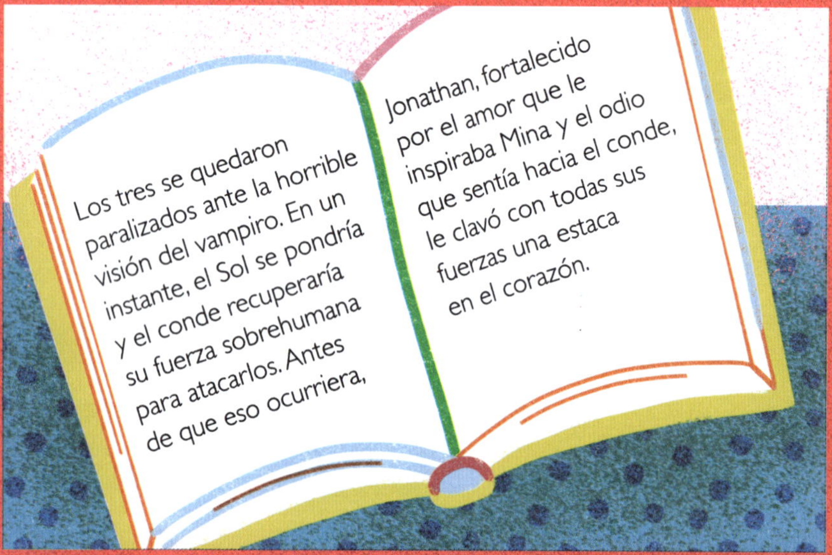

En el primer párrafo de este relato puedes probar el juego de Dafne. Ella elige la palabra *feliz*, cuenta el número de letras que tiene (cinco) y avanza cinco palabras en el texto, con lo que llega a *las*. Contando letras y avanzando palabras sigue esta secuencia: *feliz, las, pasar, y, descubriendo, conocía, podrían, que*... Y termina en la última palabra del párrafo: *demostrable*, una palabra muy adecuada para el juego.

Dafne comprueba que, cuando empieza a leer y contar por otro lugar, por ejemplo, por la palabra *libro*, la secuencia de palabras es *libro, pasar, manos, horas, palabras, que, y*... ¡Empezando desde una palabra diferente entra en el mismo camino que había seguido antes! Y llega al final de nuevo a la palabra *demostrable*.

¡Ahora tú!

¿Quieres intentarlo? Busca textos que tengan, al menos, cuatro líneas y haz la prueba. ¿El resultado es el mismo?

Otras cosas curiosas que Dafne descubrió al observar palabras fueron las siguientes:

- Hay palabras que contienen las cinco vocales sin que se repita ninguna.
- Algunas palabras se leen igual de derecha a izquierda que de izquierda a derecha.
- Otras tienen las mismas letras colocadas de forma diferente.
- En otras todas las letras se repiten dos veces.
- Hay una palabra que es la más larga del castellano.
- Solo una palabra tiene los cuatro signos ortográficos.

Encuentra entre las siguientes palabras las que responden a las curiosidades que descubrió Dafne.

- Ecuatorianos
- Aristocráticos
- Reconocer
- Electroencefalografista
- Pedigüeñería
- Arquitecto
- Ferrocarrilero
- Aeronáuticos

NÚMEROS SORPRENDENTES

Alicia es aficionada a la magia y quiere hacer un juego a su amigo Carlos. Hay personas que a los juegos de magia los llaman trucos, pero eso a los magos no les gusta, porque la palabra *truco* resalta la pequeña trampa que siempre existe en el ilusionismo para conseguir sorprender al público, mientras que la palabra *juego* recuerda a algo entretenido y divertido.

Para hacer su juego, Alicia pide a Carlos que coja un cuaderno y un bolígrafo. Ella también toma un pedazo de papel y escribe algo en él. Lo pliega dos veces y lo deja cuidadosamente debajo de un vaso, de manera que no se pueda ver lo que hay escrito. Alicia explica a Carlos que se trata de una predicción.

Después, pide a su amigo que escriba un número que tenga tres cifras diferentes. Carlos escribe el 254.

Luego, le dice que escriba el número que resulta de intercambiar la cifra de las centenas con la de las unidades. Y Carlos apunta el 452.

Alicia indica a Carlos que, de esos dos números, tiene que restar el menor del mayor (452 − 254 = 198).

Finalmente, la niña pide a su amigo que sume el número que ha obtenido y ese mismo número al revés (198 + 891 = 1.089).

Entonces, Alicia levanta el vaso y hace una señal a Carlos para que despliegue el papel que hay debajo y mire el número que está escrito.

Carlos se queda boquiabierto al comprobar que el número que había escrito su amiga en el papel es... ¡1.089! ¡Increíble!

El niño prueba una y otra vez con números diferentes y el resultado que obtiene en todos los casos es el mismo.

En una ocasión, en la primera resta, el resultado es un número de dos cifras, el 19. Alicia le indica que, para continuar el juego, solo tiene que completar las tres cifras poniendo un cero delante, así: 019. También le aclara que si hubiera obtenido como resultado 7 tendría que haber escrito 007, como el famoso agente secreto.

Está encantada de haber sorprendido a su amigo.

¡Ahora tú!

¿Quieres jugar también tú? Prueba con diferentes números de tres cifras y comprueba qué resultados obtienes. Puedes recoger esos resultados en una tabla como la siguiente:

607	706	706 − 607 = 99	990 + 99 = ...
301	103	301...	

¿QUIÉN ES EL GANADOR?

Casi todas las tardes Alicia, Blas, Carlos y Dafne quedan para jugar. Se llevan bien y se divierten juntos, pero a menudo acaban discutiendo.

Les gusta hacer muchas cosas: si es un día lluvioso o hace frío, se quedan en alguna de las casas (Dafne protesta porque casi nunca quieren ir a la suya) y aprovechan para entretenerse con juegos de mesa o viendo una película. A veces, cuando van a casa de Alicia, pasan el rato con la consola.

En casa de Blas suelen jugar a las cartas. Al principio no les gustaba demasiado, pero se han dado cuenta de lo divertido que es. El padre de Blas colecciona barajas, tiene algunas muy bonitas y muy antiguas, con cartas que contienen marfil. Esas cartas brillan mucho, pero los chicos no pueden jugar con ellas, solo mirarlas. A Dafne le gusta una baraja que tiene a los personajes de Asterix, mientras que Carlos prefiere la baraja española.

Con frecuencia juegan a la escoba, un juego en el que hay que sumar quince puntos en cada vuelta. Para ello hay que utilizar una de las cartas que el jugador tiene en su mano y las que necesite de las que están sobre la mesa. Muchas veces discuten porque a Carlos le gusta ganar, incluso aunque tenga que hacer trampas.

A Carlos también le encanta jugar en la calle al pañuelo, al escondite o a echar carreras, pero, como no siempre gana, se enfada bastante. Sus amigos desearían que hubiera un VAR, como el del fútbol, para poder saber sin dudas quién ha ganado cuando la carrera está muy reñida.

A la madre de Dafne no le gusta nada que discutan. Entiende que todos quieren ganar, pero preferiría que no fueran tan competitivos.

Un día, para evitar las discusiones, se queda observando la carrera y hace algunas fotos. En ellas nunca se ve a los cuatro juntos, pero sí se aprecia que Carlos llega justo después de Alicia y que Dafne llega entre Blas y Carlos. Cuando empiezan a discutir para ver quién ha ganado la carrera, la madre de Dafne les enseña las fotos. Y su hija, que es muy observadora, es capaz de deducir con esos datos el orden de la carrera.

¡Ahora tú!

¿Puedes descubrir en qué orden llegaron los participantes en la carrera?

Observa la jugada de cartas de la parte superior. ¿Con cuántas combinaciones de cartas puede Alicia sumar quince? Recuerda que:

- Puede usar solo una de las cartas que tiene en la mano y todas las que necesite de las que hay en la mesa.
- La carta del rey cuenta como diez.

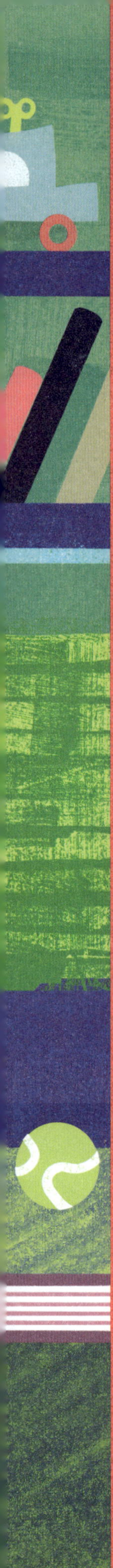

CÓDIGOS MUY SECRETOS

Carlos tiene una facilidad innata para ocultar cosas, aunque no lo hace aposta. Por la noche se quita los calcetines y, sin saber cómo, a la mañana siguiente solo es capaz de encontrar uno de ellos. Otras veces cuando busca el cuaderno con los deberes que ha hecho la tarde anterior no es capaz de encontrarlo. Cuando hace sol y quiere salir a la calle con una gorra, la busca, pero nunca aparece. Por eso Carlos se plantea si será capaz de ocultar cosas de forma voluntaria y empieza a darle vueltas a una idea...

Entonces piensa en métodos para ocultar palabras e inventar códigos secretos. Por ejemplo, puede escribir las palabras al revés. Así, en vez de decir «buenos días» diría «*soneub saíd*». No le acaba de convencer la idea porque le parece demasiado sencilla cuando lo ve escrito, pero, al mismo tiempo, es difícil hablar de esa manera.

Recuerda que su madre le dijo en una ocasión que se sabía el cuento de *Caperucita Roja* al revés, cambiando el orden de las sílabas en cada palabra: «*Bai Tacirupeca por el quebos: rálatra, rálatra, y, de topron, ¡zas!, ¡el bolo! Jodi el bolo: ¿dedón vas, Tacirupeca? Yvo a saca de mi talibuea...*». Esa forma de ocultar las palabras le parece fácil y divertida. Decide entonces seguir practicando y, al acabar la jornada, se despide diciendo: «*tahas nañama*» a sus compañeros, que se quedan bastante sorprendidos.

Su padre le espera a la salida del colegio. Como todas las tardes le pregunta: «¿Qué has aprendido hoy?» y Carlos, feliz, le dice: «*He dotavenin un jegualen*». El padre, al principio, se queda pensativo, pero, de inmediato, le contesta: «*Dopentues, ¿se te ha dorricuo a ti loso?*». Esa respuesta desconcierta a Carlos, que no esperaba que su padre entendiera lo que le ha dicho. Él le explica que le ha costado trabajo, porque hace muchos años que no habla de esa forma, pero que, de pequeño, solía hacerlo y que, si Carlos quiere, pueden practicar de vez en cuando.

Todo el trayecto desde el colegio hasta su casa lo pasan hablando «al revés». En algunas ocasiones se equivocan, porque no siempre es fácil hablar de esa manera. Al llegar a casa, a dúo, saludan a la madre diciendo: «*Nasbue destar*» y ella les contesta: «*Yava mafor más rara de blarha. Troo adí te ñoseen trao mafor de dercones nau bralapa*».

Carlos se queda encantado esperando que llegue ese día.

¡Ahora tú!

¿Eres capaz de entender lo que ha dicho la madre de Carlos?

Escribe un breve texto codificado con el método de Carlos.

Codifica palabras u oraciones del siguiente modo: sustituye cada letra por la letra que va antes o que va después en el abecedario. Luego, lee el resultado y contesta: ¿es un buen método para codificar palabras habladas o palabras escritas? Explica por qué.

MASCOTAS

Alicia, Blas, Carlos y Dafne comparten su amor por los animales; todos ellos tienen varias mascotas.

Alicia tiene un hámster, dos tortugas y una cobaya. Querría tener también un perro y un gato, como su amigo Blas, pero sus padres no la dejan porque dicen que se llevarían mal. Ella les responde que no, que tanto el perro como el gato de Blas son muy tranquilos y se llevan muy bien. El perro es muy cariñoso y casero, a diferencia del gato, que a veces sale a recorrer mundo y no vuelve a casa por la noche, aunque, al final, siempre regresa. Blas también tiene un hámster y a veces juntan a los dos para que jueguen. Las mascotas se llevan tan bien como sus dueños.

Alicia también tiene mascotas en común con Carlos: tortugas y cobayas. Carlos tiene una tortuga menos que Alicia y una cobaya más. Le gustaría tener más cobayas, pero tampoco le dejan.

Las cobayas son animales inteligentes y aprenden trucos con facilidad. Alicia y Carlos les han enseñado algunos.

Las tortugas son animales que viven muchos años. Las que habitualmente tenemos en casa pueden vivir hasta 80 años, pero también hay especies más grandes en la naturaleza que pueden superar los 100 años.

Dafne tiene el doble de perros y gatos que Blas. Por las tardes sacan a pasear a los perros, porque necesitan correr y jugar con otros animales. Al igual que pasa con las personas, los perros tienen amigos preferentes: se conocen y corren juntos por el parque. Los gatos de Dafne también se llevan bien con sus perros: han estado juntos en la casa desde que eran cachorros. Menos mal, porque si no fuera así tendrían un grave problema.

¡Ahora tú!

¿Puedes determinar qué mascotas tiene cada uno de los amigos? Confecciona una tabla como la siguiente para ir recogiendo los datos:

Alicia	Blas	Carlos	Dafne

Inventa un texto sobre las mascotas de cuatro amigos poniendo en relación los datos como aparece más arriba. Puedes comenzar así:

Ernesto tiene un perro y un canario; su prima Jara tiene dos perros más que él y su amigo...

¿UNA CARA O DOS?

Blas tiene una hermana mayor llamada Belén. Belén va al instituto, es muy lista y algunas veces cuenta a Blas cosas sorprendentes.

Un día Belén propone a Blas hacer, con una hoja de papel, una figura que solo tenga una cara. Él no se lo cree: todo el mundo sabe que una hoja de papel tiene dos caras y se puede demostrar. Por ejemplo, las páginas de los libros tienen un número par por una cara y un número impar por otra, los cromos tienen una figura por un lado y por el otro son blancos para pegarlos en el álbum... Todo eso prueba que una hoja de papel tiene dos caras.

Entonces, Belén saca una hoja de papel y se la entrega a Blas. A continuación, le da las siguientes instrucciones:

1. Corta la hoja de papel a lo largo y quédate con una de las mitades; luego, vuelve a cortarla a lo largo.

2. Pega con celo las dos tiras que te han quedado para hacer una más larga.

3. Pega los extremos de esa tira larga, pero, antes de pegarlos, gira el extremo que tienes en la mano derecha.

4. Traza una línea con rotulador a lo largo de la tira empezando por una de las caras.

Blas empieza a pintar, recorriendo siempre la misma cara. Sorprendentemente, al final, llega al punto donde había empezado. En ese momento, Belén le dice: «Lo ves, esta figura solo tiene una cara».

Él mira a su hermana con los ojos como platos sin poder decir nada.

Después de eso, Belén propone a Blas conseguir una figura aún más alucinante si corta la cinta siguiendo la línea que acaba de dibujar sobre el papel.

¡Ahora tú!

¿Qué figura ha obtenido Blas? Construye una cinta como se indica en el texto y elige.

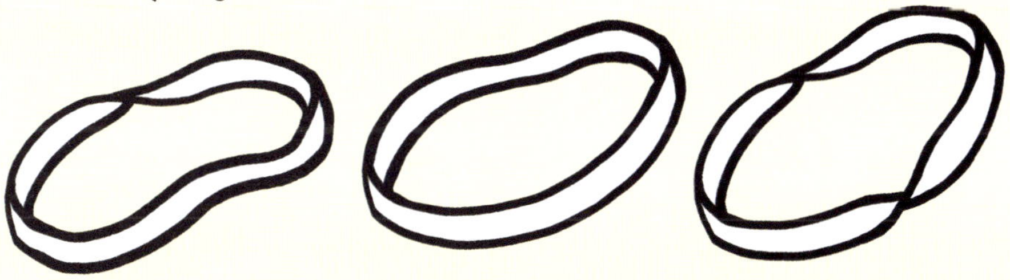

Explora diferentes modos de pegar los extremos de la cinta entre sí para que, al final, haya una sola cara. Puedes utilizar papel que tenga las dos caras de colores diferentes.

ALICIA

Cuando nació Alicia, sus padres le pusieron ese nombre porque les gustaba *Alicia en el país de las maravillas*. A ella, al principio, le hacía gracia, pero, a medida que fue creciendo, empezó a sentirse un poco molesta porque su vida y la de la protagonista de la novela de Lewis Carroll se parecían demasiado.

Daba la casualidad de que a las dos Alicias les gustaba jugar al ajedrez y también la magia y el ilusionismo.

La Alicia real tenía una baraja francesa, de esas en las que las cartas son rojas y negras, y la utilizaba, como la Alicia del relato, para crear infinidad de mundos alternativos en los que la malvada Reina de Corazones, en lugar de cortar a todo el mundo la cabeza, surgía de dentro de la baraja de cartas de modos muy sorprendentes. Alicia era una auténtica maga.

No quedaban ahí las similitudes entre las dos Alicias: nuestra protagonista tenía un gato, que aparecía y desaparecía (no mágicamente, sino porque se iba al jardín a perseguir otros animalitos). Ese gato se llamaba Chesi, un nombre también inspirado en el Gato de Cheshire, perteneciente al universo subterráneo de la Alicia de Carroll.

Alicia era aficionada a los juegos de palabras, como también lo era Lewis Carroll. A él le gustaba pasar de unas palabras a otras cambiando una única letra en cada paso. Siguiendo este ejemplo, Alicia se planteó cómo pasar de *mesa* a *dado* cambiando una única letra y formando palabras con sentido. Descubrió la secuencia: *mesa - pesa - peso - pedo - dedo - dado*. Alicia estaba orgullosa, puesto que había sido capaz de convertir una mesa en un dado.

En otra ocasión pensó la secuencia para convertir una rana en un sapo: *rana- rata - rato- reto - seto - seco - saco - sapo*. Se animó al comprobar que había conseguido con facilidad encontrar las dos secuencias de palabras y buscó otra: ¿sería capaz de pasar de *rana* a *beso*? Después de pensarlo un rato encontró varias maneras de hacerlo. Una de las posibles formas era *rana - rasa - risa - pisa - pesa - peso - beso*.

¡Ahora tú!

Piensa otros modos de llegar de *rana* a *beso*, pasando por palabras distintas a las que indica Alicia.

Busca cadenas de palabras que se formen añadiendo una letra a cada palabra anterior y cambiando de orden las letras.
Por ejemplo:

- *Sol, losa, aliso, solita...*
- *Tos, esto, setos, otease...*

LA PIZZA

El 10 de noviembre es el cumpleaños de Blas. Por esa razón, Carlos, Dafne y él van a merendar a la pizzería. Alicia se queda en casa porque le duele la garganta. Su padre no la deja ir por si toman bebidas frías. Los cuatro amigos van a veces a la pizzería, pero no están solos allí, porque sus padres se quedan tomando algo en otra mesa.

Esta vez han pedido dos pizzas grandes para compartir, agua y helados. La pizza de aquella pizzería les encanta. A veces la cocinan en casa, en el horno, y está buenísima también, pero esta es una ocasión especial y deciden celebrarlo en su restaurante favorito.

Al pedir la cuenta, el camarero les indica que son 30 euros. Cada uno pone encima de la mesa 10 euros y esperan a que el camarero recoja el dinero. El hombre regresa al poco rato trayendo 5 euros en monedas. Los niños se quedan sorprendidos y él les cuenta que se le había olvidado aplicar el descuento por ir a merendar temprano. Entonces, cada uno de ellos se queda con una moneda de 1 euro y dejan 2 euros de propina en la mesa.

A continuación, salen de la pizzería y se van a visitar a Alicia, a ver cómo se encuentra.

Los tres amigos cuentan a Alicia lo que han merendado y lo rico que estaba todo. Además, le comentan que les ha salido muy barato: como del billete de 10 cada uno se quedó con 1 euro, en realidad pagaron 27 euros. Y, además, le han dejado 2 euros de propina al camarero, con lo que están convencidos de que han pagado 29 euros.

Alicia tiene dolor de garganta, pero, por lo demás, se encuentra muy bien. Y se da cuenta de que algo no está correcto: si habían empezado con tres billetes de 10 euros, el total sería de 30 euros y no de 29. Alicia se queda un poco intranquila, pero sabe que las matemáticas no pueden fallar. Blas, Carlos y Dafne también están sorprendidos porque no entienden qué está pasando y dónde se ha metido el euro que falta. Así que Alicia repasa el proceso de pago que le han relatado sus amigos y se da cuenta de qué ha pasado: la forma como han hecho la operación final no es correcta. ¡Qué alivio! Por un momento había sentido que las matemáticas dejaban de ser exactas, y eso sí que le parecería preocupante.

¡Ahora tú!

¿Te has dado cuenta tú también de lo que había ocurrido? Revisa el proceso y explica lo que ha pasado.

EL BARRIO JUDÍO

Blas y sus amigos viven en una ciudad que tiene un precioso barrio judío. En él hay calles estrechas, escaleras, casas de piedra y calles que, de repente, se cortan porque su prolongación entra en lo que ahora es una vivienda.

Blas disfruta de su ciudad porque le parece mágica. En ocasiones va por la calle central, se desvía a la derecha y entra en un mundo desconocido en el que, sin llegar a perderse, todo está por explorar. En ese barrio conviven tiendas tradicionales, como la tienda de ultramarinos o la juguetería, con nuevas tiendas de recuerdos para turistas y, sobre todo, muchos bares y restaurantes. Afortunadamente, esa zona de la ciudad es peatonal y Blas puede recorrerla sin peligro.

Una tarde, Blas pasa por delante de la tienda de libros de segunda mano y José, el librero, le regala un mapa que ha encontrado entre las páginas de un libro. El mapa representa ese barrio viejo y contiene un dibujo esquemático y unas instrucciones:

- *Si llegas a un triángulo, gira a la derecha.*
- *Si llegas a un cuadrado, gira a la izquierda.*
- *Si llegas a un pentágono, da la vuelta y regresa donde estabas.*
- *Si llegas a un hexágono, continúa de frente.*
- *Si apuntas las letras que hay en los caminos por los que pasas, conseguirás saber dónde está el tesoro.*

Blas está muy agradecido a José por este impresionante mapa. Con mucho cuidado, observa el mapa y reconoce en él la estructura del barrio: los polígonos representan cruces de calles y puede, incluso, recorrer la ruta y moverse de unos lugares a otros. Siguiendo las instrucciones, resuelve el enigma y es capaz de encontrar el tesoro.

Blas descubre que, en realidad, ha sido José quien ha dibujado el mapa para regalárselo cuando pasara por su librería.

El tesoro no es dinero ni piedras preciosas, pero sí una de las cosas que más le gustan al chico: un libro. José había pensado que, en vez de regalarle el libro, sería mejor hacerle un triple regalo: primero, darle la posibilidad de entretenerse con un reto interesante; luego, animarlo a recorrer el barrio que tanto le gusta, y, por último, ofrecerle la oportunidad de disfrutar de una maravillosa lectura.

¡Ahora tú!

¿Puedes hacer como Blas y averiguar la palabra que se escondía entre las calles del mapa?

Formad grupos e imaginad un juego como el que propuso José a Blas. Podéis hacerlo así:

- Dibujad el mapa.
- Imaginad un itinerario.
- Dad pistas para que alguien pueda seguirlo y encontrar una clave.

CLUB de Lectura

Formad parejas para hacer una entrevista del siguiente modo:

- Un miembro de la pareja hará de periodista.
- El otro será Fernando Blasco.

Quien tenga el papel de periodista imaginará preguntas que podría hacer al autor y quien interprete al autor responderá intentando imaginar qué contestaría él de verdad. Las preguntas pueden ser sobre diferentes temas:

- Su trabajo como profesor.
- Sus aficiones.
- Sus actividades como escritor.
- Cómo empezó a imaginar desafíos y juegos...

Formad grupos de cuatro o cinco miembros para hacer una «enciclopedia» de los desafíos siguiendo estos pasos:

1. Investigad diferentes juegos de lógica y desafíos en internet y en libros.
2. Cada grupo elegirá dos juegos, los estudiará y hará una página de la «enciclopedia» de cada juego, incluyendo los siguientes datos: nombre del juego, tipo de juego (de pistas, de razonamiento, geométrico...), argumento o historia que presenta, desarrollo e instrucciones para jugar y valoración que el grupo hace (muy divertido, entretenido, soso, aburrido...).
3. Incluid fotos o dibujos para acompañar cada página.
4. Al final, encuadernad juntas todas las páginas.

Inventa un relato corto en el que incluyas un juego o un desafío. Recuerda que debes explicar muy bien en qué consiste el desafío y dar todos los datos necesarios para que los lectores y lectoras puedan intentar descifrarlo al mismo tiempo que lo hacen los personajes de la historia.

Teatro del absurdo
Fernando Almena, José Carlos Andrés, Javier Fonseca García-Donas, Nuria del Peso, Sofía Rhei
Ilustraciones: Nacho Gómez

Sofía Rhei
José Carlos Andrés
Javier Fonseca García-Donas
Fernando Almena
Nuria del Peso
Nacho Gómez

Índice

Antes de leer

¿Sabes qué es el teatro del absurdo? Explícalo con tus propias palabras.

¿Con qué palabra o palabras asocias el teatro del absurdo? Elige.

fantasía humor

misterio aventuras

Poned entre todos ejemplos de situaciones absurdas. ¿Un chiste puede presentar una situación absurda? ¿Y un monólogo?

Después de leer

¿Te han sorprendido los textos que has leído o esperabas que fueran así?

¿Qué es lo que más te ha llamado la atención?

¿Te ha resultado fácil leer los textos y comprenderlos?

Muy buenas

Nuria del Peso

AMBIENTACIÓN

La escena se desarrolla en una papelería. En caso de querer representarla bastará con utilizar una mesa de la clase a modo de mostrador y algunos objetos cotidianos del aula: bolígrafos, carpetas, lápices… Los dos personajes pueden vestir con cualquier tipo de ropa, pero el vendedor llevará puesta una nariz de payaso.

(*El* VENDEDOR *se encuentra detrás del mostrador. La* CLIENTA *entra en la papelería*).

CLIENTA. Muy buenas, ¿tiene carpetas?

VENDEDOR. Sí, muy buenas.

CLIENTA. (*Molesta por tener que repetir el saludo*). Otra vez muy buenas, pero ¿tiene carpetas?

VENDEDOR. Le digo que sí, que muy buenas.

CLIENTA. ¿Quiere usted tomarme el pelo? Le advierto que hoy no estoy de humor.

VENDEDOR. De ningún modo, señora mía, nada más lejos de mi intención. Solo quería decirle que las carpetas que tengo son muy buenas. De una calidad superior.

CLIENTA. Ah, vale, si es así, me voy a llevar un bolígrafo rojo.

VENDEDOR. ¿Y cómo quiere que sea la punta? No, no me lo diga, me encanta adivinar… ¡Gruesa!

CLIENTA. ¡Oiga usted, que yo no le he faltado al respeto! Además, qué manía con que todo el mundo tenga que estar en los huesos.

VENDEDOR. No, mujer, no. Me refiero a la punta de los bolígrafos. Ya sabe, ¡fina, normal o… gruesa!

CLIENTA. Es usted un poco rarito, ¿no se lo han dicho nunca?

VENDEDOR. (*Lloroso*). La verdad es que sí, me lo han dicho cientos de veces. Esta nariz de payaso no ayuda mucho, es eso, ¿verdad?

CLIENTA. Ah, pues ni me había dado cuenta, pero ahora que la miro… ¡me gusta! Le da un toque la mar de cuqui.

VENDEDOR. ¿Cuqui?

CLIENTA. Sí, cuqui, mono. Es una palabra muy normal.

VENDEDOR. (*Emocionado*). En la vida me habían dicho nada tan bonito.

CLIENTA. Venga, venga, no se me derrumbe. ¡Arriba ese ánimo! Fíjese que yo venía de un humor de perros y, viéndole a usted así, me siento muy afortunada.

VENDEDOR. Vaya, pues me alegro de que mi desdicha la consuele a usted. Ya me encuentro mucho mejor. Me siento útil.

CLIENTA. Pues, hala, no se hable más. Envuélvame un par de cuadernos y me voy.

VENDEDOR. En un periquete. ¿Y cómo va a querer las hojas: de rayas, de cuadritos o blancas?

CLIENTA. Menudo follón, ni que estuviera comprando unas sábanas. Además, me está liando. Si yo lo que quería era una carpeta. ¿Tiene carpetas?

VENDEDOR. Muy buenas.

CLIENTA. Hay que ver lo que le gusta a usted saludar. ¿Sabe qué le digo? Que me voy. Se me han quitado las ganas de comprar nada.

VENDEDOR. Me parece muy bien, porque, si le soy sincero, yo no soy el vendedor. Yo solo pasaba por aquí.

(*La CLIENTA se va muy enfadada y el falso VENDEDOR se queda tan tranquilo detrás del mostrador*).

FIN

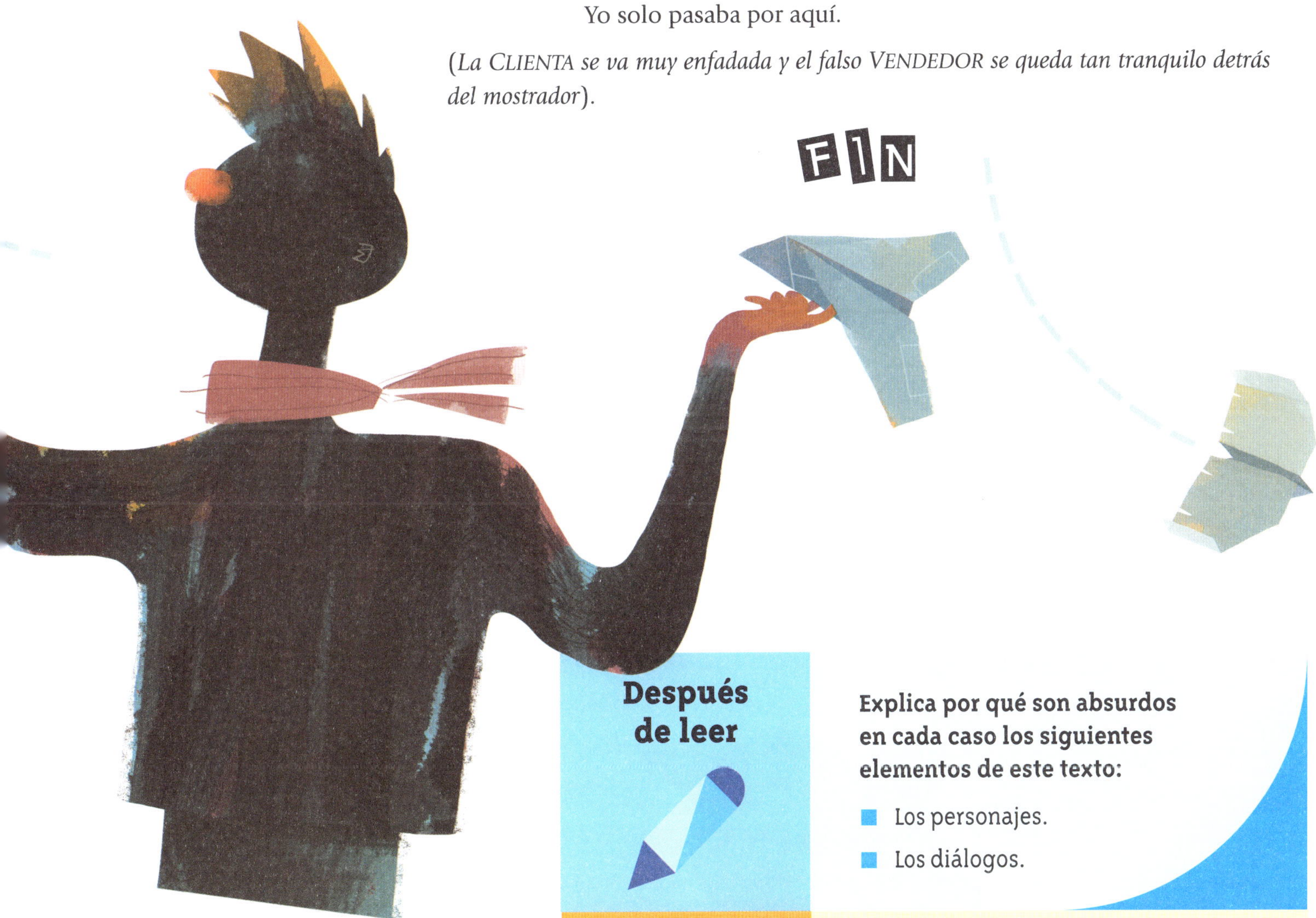

Después de leer

Explica por qué son absurdos en cada caso los siguientes elementos de este texto:

- Los personajes.
- Los diálogos.

¡Ahora tú!

Improvisad una dramatización sobre una situación similar a la anterior de modo que el texto que inventéis no se pueda considerar teatro del absurdo. Reflexionad sobre los elementos que han cambiado.

¡Y tú decías que solo era un catarro!

(Drama sanitario en tres escenas)

Javier Fonseca

ESCENA I

Garaje particular de la familia Pistón Manguito. Un hombre y una mujer observan cómo el doctor Nillo reconoce a su vehículo, un utilitario rojo. La pareja se muestra preocupada.

Primera hora de la noche, el señor y la señora Pistón Manguito están en pijama y zapatillas.

DOCTOR NILLO. ¿Y dicen que ha sido de repente?

SEÑORA PISTÓN MANGUITO. Sí, doctor, de repente…

SEÑOR PISTÓN MANGUITO. Aunque llevaba dos días raro.

SEÑORA PISTÓN MANGUITO. ¡Anacleto! ¡No me habías dicho nada!

SEÑOR PISTÓN MANGUITO. Mujer, no quería preocuparte.

DOCTOR NILLO. ¿Qué quiere decir con que estaba raro?

SEÑOR PISTÓN MANGUITO. Bueno, iba más despacio de lo normal, no tenía fuerza para encender más que las luces de posición…

SEÑORA PISTÓN MANGUITO. ¡Ay, Dios mío! ¿Ni siquiera las cortas?

SEÑOR PISTÓN MANGUITO. Ni siquiera. Yo pensé que solo era un catarro…

SEÑORA PISTÓN MANGUITO. ¿Un catarro? ¿No puede encender las largas y tú crees que solo es un catarro? ¿Después de lo que le pasó a nuestro pobre Flord? Él también era maravilloso y... (*Sollozando*).

SEÑOR PISTÓN MANGUITO. ... un catarro, sí. Hasta que esta tarde, al volver del trabajo, quise parar en su gasolinera favorita, pero él pasó de largo.

SEÑORA PISTÓN MANGUITO. Figúrese, doctor, él, que se pirra por la súper 98 plus.

DOCTOR NILLO. (*Como dudando*). ¡Mmmm! Las ruedas han perdido algo de presión. ¿Cuándo fue la última vez que comió algo?

SEÑOR PISTÓN MANGUITO. Pues... hace unas dos semanas.

SEÑORA PISTÓN MANGUITO. Tomó súper enriquecida con extra de bencenos. Le va genial para los gases.

DOCTOR NILLO. Voy a reconocerle el depósito. (*Se hace un silencio*). Pues tiene el estómago aún bastante lleno.

SEÑORA PISTÓN MANGUITO. Siempre ha sido de digestiones pesadas...

ROM, ROM... (*Se oye un ruido lastimero procedente del coche y los tres se tapan la nariz con caras de asco*).

SEÑOR PISTÓN MANGUITO. (*Azorado*). ¡Oh! Le ruego...

DOCTOR NILLO. (*Aspira de forma exagerada, como intentando aguzar el olfato*). No hay por qué. Huele fatal. Estupendo, estupendo...

¡MOOOOOOOOOC! (*Suena algo similar al claxon del coche. Los tres se asustan*).

DOCTOR NILLO. Pues el claxon suena estupendo…

SEÑOR PISTÓN MANGUITO. Ese sonido no ha sido de él, es el gato, que está resfriado y se está sonando los mocos.

DOCTOR NILLO. Pues lo siento, con eso no puedo ayudarlos, mi licencia solo me permite tratar gatos hidráulicos.

SEÑORA PISTÓN MANGUITO. ¿Qué nos dice del coche? ¿Cuál es su diagnóstico?

DOCTOR NILLO. (*Pensativo*). No sé, no sé. Todo apunta a un empacho. Tiene que vaciar el depósito. Mezclen al cincuenta por ciento mermelada de ciruela con la gasolina, denle de seis a doce litros al día y observen si sus deposiciones son regulares. Me llaman en dos días y me dicen cómo va. ¡Ah!, y para las ruedas, aire puro y fresco de la sierra.

SEÑOR PISTÓN MANGUITO. ¡Gracias, doctor!

SEÑORA PISTÓN MANGUITO. (*Lamentándose*). ¡Ay, ojalá se ponga bueno pronto!

ESCENA II

¡MOOOOOOC! ¡MOOOOOC! ¡MOOOOOC!

SEÑOR PISTÓN MANGUITO. ¡Demonio de gato!

¡MOOOOOOC! ¡MOOOOOC! ¡MOOOOOC!

SEÑORA PISTÓN MANGUITO. Anacleto, creo que no es el gato… Vamos al garaje, que tengo un presentimiento.

ESCENA III

SEÑOR PISTÓN MANGUITO. (*Sorprendido*). Pero ¿qué es esto? ¿De dónde han salido estos tres bebés cochecitos?

SEÑORA PISTÓN MANGUITO. (*Palmoteando contentísima*). ¡Ay, nuestro chiquitín ha sido papá!

SEÑOR PISTÓN MANGUITO. (*Emocionado*). ¡Abuelo a mi edad! ¡Quién me lo iba a decir!

MOC, MOC, MOC-MOC. (*Suena alegre el claxon del coche*).

SEÑORA PISTÓN MANGUITO. ¡Y tú decías que solo era un catarro!

FIN

Después de leer

¿Qué te ha parecido más absurdo en el texto que has leído? Explica por qué lo crees.

- El papel que hacen los señores Pistón Manguito.
- La relación que mantienen con su coche.
- El papel del doctor.
- El lugar en el que se desarrolla la obra.

¡Ahora tú!

¿Qué crees que les sucedió a los señores Pistón Manguito con su querido Flord? Inventa la historia.

La locura del saber

Fernando Almena

AMBIENTACIÓN

En una clase. El número de alumnos es ilimitado.

(*En escena, los alumnos y alumnas y el maestro*).

MAESTRO. (*Señala a un niño*). A ver, ¿con qué se escribe *habichuela*?

(*Todos levantan la mano*).

NIÑO 1. Con lápiz o con boli.

MAESTRO. ¡Muy bien! ¿Te lo ha soplado alguien de otra galaxia?

NIÑO 1. Sí, mi abuela.

MAESTRO. ¿Tu abuela es de otra galaxia?

NIÑA 2. Sí, yo la conozco, es de *Galacia*.

MAESTRO. Querrás decir de Galicia.

NIÑA 2. Pues eso, de *Galacia*.

MAESTRO. Nuestra galaxia es la Vía Láctea.

NIÑO 1. Mi abuela es de la *Villa Láctea*, su casa se llama así porque tiene muchas vacas y vende leche. ¿Lo pilla?

MAESTRO. Lo que no pillo es que tu abuela te diga que *habichuela* se escribe con lápiz y bolígrafo.

NIÑO 1. Pues está muy claro.

TODOS. (*A coro*). Clarísimo.

NIÑO 1. Mi abuela un día me dio un papel y me dijo: «Escribe la lista de la compra; primero, medio kilo de habichuelas». Yo le pregunté que cómo se escribía *habichuelas* y ella me contestó que con lápiz o con boli, y que qué me enseñaban en el cole.

MAESTRO. (*Con tono de agotamiento*). Bueno, bueno, vamos a dejarlo.

NIÑO 3. Don Franciscomio. ¿Puedo ventosear un poco la clase?

(*Carcajada general*).

MAESTRO. (*Espantado*). No seas cochino, eso no se hace.

NIÑO 3. Es que tengo mucho calor y necesito abrir la ventana para que el viento *ventosee* la clase.

MAESTRO. Querrás decir que ventile.

NIÑO 3. Mi papá dice que es igual ventilar, ventear y ventosear, porque todo se refiere al viento, mi querido don Franciscomio.

MAESTRO. Y deja de llamarme don Franciscomio. ¿También te ha dicho tu padre que me llames así? Mi nombre es Pacomio, Pa-co-mio.

NIÑO 3. Fue mi madre. Cuando le conté que usted se llamaba don Paco..., me cortó con un berrido y me dijo que era una falta de respeto llamarle don Paco, que le llamara don Francisco. Por eso, en vez de don Pacomio, le llamo don Franciscomio. ¿A que me merezco un sobresaliente en Lengua?

MAESTRO. ¡Basta!, mejor os explico el teorema de Pitágoras, aunque seguro que aún no toca.

NIÑA 4. Yo lo sé. Mi vecino tiene un perro que se llama Pitágoras.

MAESTRO. (*Se tira de los pelos y grita*). ¡Socorrooo, esto es una locura!

FIN

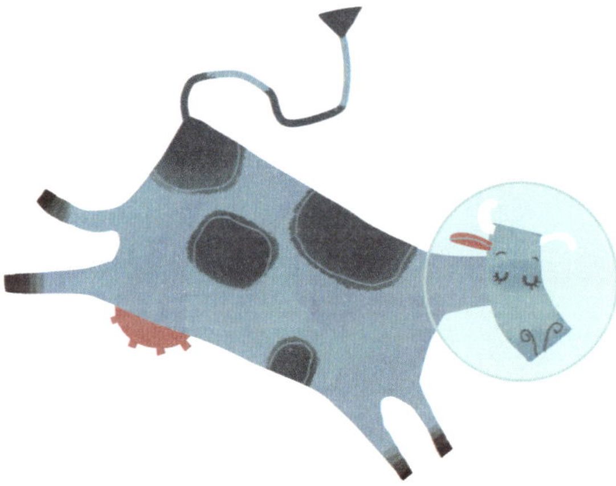

Después de leer

Localiza en el texto tres palabras de la familia de *viento* y busca sus definiciones en el diccionario.

¡Ahora tú!

Inventa una nueva situación absurda para continuar la historia. Puedes partir de alguno de estos ejemplos.

El profesor pregunta:

–Abel, ¿qué árbol es el que más te gusta?

–La palmera de chocolate.

...

–Lucas, ¿qué quiere decir *sintaxis*?

–Que hay que esperar el autobús.

...

–Marieta, di dos pronombres.

–¿Quién? ¿Yo?

–Muy bien, Marieta.

La espera desespera

José Carlos Andrés

AMBIENTACIÓN

La acción se desarrolla en la sala de espera del despacho de dirección del colegio. Hay tres sillas, en dos de ellas se sientan VERA *y* DYLAN. *El resto de personajes irán entrando.*

VERA. Dylan, ¿sabes por qué nos han llamado al despacho de la directora?

DYLAN. (*Con tono de fastidio*). No, Vera, no. No sé por qué nos han llamado al despacho de la directora. Te lo he dicho ya siete veces. Siete.

VERA. No hay siete sin ocho. ¿De verdad no lo sabes?

DYLAN. Que nooo, pesaaada, que noooo.

VERA. ¡Pero es que yo no he sido!

DYLAN. Tú no has sido… ¿qué?

VERA. Pues nada. No he sido nada.

DYLAN. ¿Nunca has sido nada?

VERA. No. Nunca. Jamás. Jamás de los jamases he sido nada. Ni culpable ni unicornio en la fiesta de fin de curso de segundo. ¿Me puedo marchar, agente?

DYLAN. ¿Agente? ¿Qué agente? ¡Si estamos solos! ¡Aquí no hay más gente!

VERA. Pues si no hay más gente, tú serás el agente.

(*Entra M. A.*).

M. A. Hola, Vera. Hola, Dylan. ¡Una silla! Me siento ahora mismo. Si queréis más gente, aquí estoy yo.

DYLAN. Hola, M. A. ¿Tú también aquí?

VERA. ¡Ha sido M. A.! Seguro que has sido tú.

M. A. ¿Yo? ¿Yo qué he sido?

VERA. ¡El culpable! Confiesa, ¿a que has sido tú?

M. A. ¿He sido yo? ¿Pero qué he sido yo?

VERA. El ladrón del robo del cuadro de la Gioconda, de la pérdida de la zapatilla de la presidenta del gobierno, del cambio climático… ¡Y yo qué sé! Pero seguro que tú eres el culpable. ¡Confiesa!

(*Entra* AMAIA).

AMAIA. Hola, Vera. ¿Tú has hecho todo esto?

DYLAN. No, claro que no, no hagas caso a Vera. Lo que pasa es…

M. A. y AMAIA. … que está un poco nerviosa.

AMAIA. Solo hay tres sillas, ¿me dejáis sentarme? Estoy agotada.

M. A. ¡Eso es! Nos han llamado para descubrir el robo de la silla.

AMAIA. ¿Qué silla?

M. A. La que falta, está claro.

VERA. ¡Yo no he sido! En casa nos sobran sillas, ¿para qué iba a robar una?

DYLAN. ¿En casa os sobran sillas?

M. A. ¿Os sobran sillas en casa?

AMAIA. Puede ser que os sobren sillas en casa porque…

DYLAN, M. A. y AMAIA. Porque tú robaste…

VERA. ¡Yo no le robé la pelota al perrito del señor Mariano el sábado pasado a las doce y media de la mañana para jugar! ¡Yo no fui! ¡Lo juro!

DYLAN. Y eso, ¿qué tiene que ver con una silla?

M. A. ¿Le robaste la pelota al perrito y la silla al señor Mariano? Feo, feo, feo…

AMAIA. ¿Le has robado la pelota a un perrito? ¿Y la silla a un abuelo?

VERA. Le cogí prestada la pelota al perrito, la silla no. Luego se la devolví. Es que habíamos perdido la nuestra…

DYLAN. Ya me extrañaba. Tú eres muy buena.

AMAIA. Y yo.

M. A. Y yo más.

VERA. No, no y no. Yo soy más buena. Y no soy culpable.

AMAIA. Vera, no serás tan buena cuando no dejas que me siente. He estado fuera toda la mañana y me duelen todos los huesos.

DYLAN. ¿Has estado fuera, Amaia? ¿Fuera del cole? ¿Y qué hacías?

M. A. Eso, confiesa, qué hacías fuera del cole el día en que se ha producido el robo de la zapatilla de la Gioconda que ha provocado el cambio climático…

AMAIA. ¿La culpa del cambio climático es de la Gioconda?

VERA. No, de su zapatilla.

DYLAN. ¿Tanto le huelen los pies a la Gioconda que ha provocado el cambio climático?

M. A. Claro. Dime si no por qué la pintaron solo de medio cuerpo. ¡Para que no saliesen sus pies! ¡Ni su zapatilla!

DYLAN. O tal vez porque ya le habían robado una zapatilla y el pintor no quería sacarla con un pie al aire.

AMAIA. Vera, tú tienes muchas zapatillas, ¿verdad?

VERA. Verdad. Como mis padres están separados, me compran muchas zapatillas. Tengo cuatro pares y medio.

M. A. ¿Y medio? ¿Se te ha perdido una?

AMAIA. ¿O te la han robado, como a la Gioconda?

VERA. No, no. Es que mi abuela me ha comprado una, estoy a la espera de que mi abuelo me regale la otra.

DYLAN. ¿Tus abuelos también están divorciados?

VERA. No, es que mi abuelo vive en Australia y tarda más en llegar.

DYLAN. Claro, y cuando llegue, si no la coges al vuelo, se vuelve, como un bumerán.

AMAIA. Y hablando de robos, culpables, zapatillas y bumeranes, ¿sabéis por qué la directora nos ha llamado?

M. A. Sí. Me lo ha dicho esta mañana.

VERA. ¡Pero es que yo no he sido!

M. A. ¿No? Pues qué pena. Es para darnos un premio.

VERA. Entonces sí he sido.

DYLAN. ¿El premio es una silla? Como falta una…

AMAIA. ¿Y por qué nos dan un premio?

M. A. ¡POR LEER TEATRO Y ROBAR UNA SONRISA AL PÚBLICO!

FIN

¡Ahora tú!

Formad grupos de tres o cuatro compañeras y compañeros, inventad un final diferente para la obra y escribidlo. Haced una lectura dramatizada del final que hayáis inventado y votad entre toda la clase cuál de los finales está mejor ajustado a la idea de teatro del absurdo.

Imagina que te dedicas a la crítica literaria y tienes que hacer una crónica sobre los distintos finales de la obra. ¿Qué dirías?

El desayuno

Sofía Rhei

AMBIENTACIÓN

En la cocina de un piso de estudiantes, a las 9:00 de un lunes.

FABIO. Estos cereales están caducados.

GISELA. Pues de todas maneras hay que comérselos, que son muy caros.

LEO. ¿Aún no se ha despertado Sara?

DONATA. No. Creo que ayer se quedó hasta las dos de la mañana jugando a videojuegos.

LEO. Pues hoy tiene un examen de invertebrados. Como no se espabile no va a llegar.

GISELA. Qué cosas más raras estudian en la carrera de Biología.

FABIO. No, no me pienso comer estos cereales, lo siento.

GISELA. Pues no se pueden quedar ahí. Y los compraste tú.

FABIO. Se los daré a los pájaros o algo. Voy a coger un yogur de la nevera.

LEO. No sé si hay. La última vez que miré no había.

FABIO. Lo único que había en la nevera es esto…, pero no sé qué es.

GISELA. Parece… un huevo de Pascua o un envase raro de natillas.

LEO. La etiqueta está en chino. ¿Quién ha comprado esto?

DONATA. Ni idea. Desde luego, yo no. A lo mejor ha sido Sara.

LEO. Pues a ver si se despierta de una vez y nos saca de dudas.

FABIO. En cualquier caso, es lo único que hay para desayunar. Me lo voy a comer.

GISELA. ¿En serio? ¿No te vas a comer unos cereales que tú has comprado solo porque están un poco caducados… y te atreves con eso?

LEO. Creo que deberías esperar a Sara, por si acaso esa cosa es suya. Voy a llamarla.

DONATA. Yo no me como eso… ni aunque me aprueben la carrera entera.

GISELA. Ni yo. Quién sabe lo que puede haber dentro de ese envase tan extraño.

LEO. Sara no está en su cuarto. Ha debido de madrugar para llegar a tiempo al examen.

FABIO. ¡Pues yo me muero de hambre! ¡Y es lo único que hay!

GISELA. Como te comas eso lo voy a grabar para subirlo a redes y me voy a hacer famosa.

LEO. ¡Venga, ábrelo!

DONATA. Yo no creo que debas… Oh, ya lo has abierto.

GISELA. ¡Pero qué asco! Es viscoso y verde.

LEO. ¿Tú lo ves verde? Yo lo veo más bien azul con reflejos morados. Pero en lo de viscoso estamos de acuerdo.

FABIO. No sé si comérmelo con tenedor o con cuchara.

DONATA. ¡No puedes estar diciendo en serio que te vas a comer ESO! ¡Ni siquiera sabes si es animal, vegetal o mineral!

GISELA. Se me están quitando las ganas de desayunar.

LEO. Mejor, porque esto es exactamente lo que hay: nada… y cereales caducados.

GISELA. Oye, en serio…, tiene unos puntitos negros que se mueven.

FABIO. No se mueven, solo lo parece porque están dentro de la gelatina. Serán pepitas de algo. No pasa nada, solo es un postre exótico. Cómo se nota que no habéis viajado.

LEO. ¡Espera un momento! ¡No metas la cuchara! ¡Te juro que he visto cómo algo se movía!

DONATA. ¡Sí, yo también!

FABIO. Tan solo estáis tratando de asustarme.

DONATA. ¡Fíjate bien! ¡Están vivos!

GISELA. ¡Son una especie de renacuajos o algo así! ¡Debe de ser un experimento de biología!

LEO. ¡No! ¡No te metas la cuchara en la boca!

TODOS A LA VEZ. ¡NOOOOOOOOO!

DONATA. No me lo creo.

GISELA. ¡Se lo ha metido en la boca!

LEO. Ya, y ahora no se lo puede tragar. ¡Porque son seres vivos!

(*FABIO hace ruidos raros, como intentando tragar algo que se le atasca*).

DONATA. ¡Escúpelo!

LEO. Ahora ya no puede. Los renacuajos alienígenas van a dominar su mente.

GISELA. (*Con agobio*). ¿Por qué no te comiste los cereales caducados?

(*FABIO sigue haciendo ruiditos*).

GISELA. Creo que deberíamos llamar a una ambulancia.

LEO. ¿Y cuál es el número?

DONATA. Mi madre me obligó a aprendérmelo, por si acaso..., pero creo que se me ha olvidado.

GISELA. (*Con fascinación*). Se le está poniendo la piel verde.

LEO. ¿Verde? Yo creo que es más bien azul.

DONATA. Tirando un poco a morado.

(*FABIO sigue haciendo ruiditos. Entra Sara*).

SARA. ¡Hola! ¿A qué viene tanta expectación?

LEO. ¡Sara! ¿Dónde estabas?

SARA. En la ducha. Me tengo que ir corriendo porque hoy tengo un examen de invertebrados.

GISELA. ¡Espera! ¿Qué era eso que había en la nevera?

SARA. ¿Ese envase? Ni idea. No lo había visto en mi vida.

LEO. Esto no tiene sentido. ¿Cómo puede haber en nuestra nevera algo que nadie ha comprado?

DONATA. Por favor, vamos a buscar ayuda. Se está poniendo de un color horrible y no puede hablar.

GISELA. Le voy a dar un golpe en la espalda. Es lo que hacen en las películas.

(*Se hace un silencio mientras GISELA da un golpe seco*).

FABIO. *Xièxiè! Wǒ xiànzài gǎnjué hǎoduōle.*

LEO. ¿Te encuentras bien?

DONATA. ¿Qué le pasa en la boca?

SARA. Creo..., creo que está hablando chino.

GISELA. ¡Pero si no sabe ningún otro idioma! ¡Ni siquiera habla demasiado bien el nuestro!

FABIO. *Wǒ yǒu dǒngxǐ kǎ zhùle lǐmiàn.*

LEO. Oye, ya está bien de bromear...

DONATA. ¡Sí! ¡Nos hemos pegado un susto tremendo!

SARA. ¿Queréis decir que se ha comido una cucharada de eso y ahora habla chino?

GISELA. Lo malo no es que hable chino…, ¡es que parece que se le ha olvidado su propia lengua!

SARA. Me llevo esto ahora mismo al laboratorio. ¡Me voy a hacer rica con este invento!

LEO. Pero… ¡Sara! ¡No te vayas! ¡Esto es una emergencia!

SARA. No es para tanto. El español es muy fácil de aprender. Empezad enseñándole las vocales. ¡Hasta luego!

FIN

Después de leer

¿Qué crees que estudian los compañeros de piso de Sara? ¿Por qué lo piensas?

Imagina un desenlace diferente para esta historia:

- Del extraño envoltorio que hay en la nevera, sale…
- Cuando los protagonistas intentan coger el envoltorio, este da un salto y…
- Dejan el extraño envoltorio en la nevera. Por la noche, cuando todos se han ido a dormir…

El penalti

Javier Fonseca

AMBIENTACIÓN

Área de un campo de fútbol. De noche. Un jugador y el árbitro discuten junto al punto de penalti. Un portero hace flexiones colgado del larguero.

DELANTERO. No insista, señor colegiado. No lo voy a tirar.

ÁRBITRO. Pero, hombre, sea razonable. Mire qué hora es, ya se ha ido todo el mundo a sus casas.

DELANTERO. Que no, que no lo tiro. (*Señalando al balón, que está en el suelo*). No quiero hacerle daño.

ÁRBITRO. Pero ¡si es un balón!

DELANTERO. Ya, pero ¿no ha visto usted cómo me mira? Esos ojitos hexagonales me han robado el alma. ¿No ve que está sufriendo? No puedo darle una patada así, en frío.

PORTERO. (*Sin dejar de hacer flexiones*). Perdonen, ¿van a tardar mucho más? Es que… me estoy cansando… de tantas… flexiones y ya tengo… hambre.

DELANTERO. Pues deja de hacerlas.

PORTERO. Ya, claro. Lo que tú… quieres es que me… enfríe y… entonces lanzar el penalti.

DELANTERO. ¡Que no lo voy a lanzar!

ÁRBITRO. ¡Piiiiiiiiii! ¡Ya está bien! O dejan de discutir o los amonesto. Usted (*dirigiéndose al portero*), deje de colgarse del travesaño como un pimiento seco. Y, usted (*dirigiéndose al delantero*), haga el favor…

DELANTERO. (*Tapándose las orejas*). La, la, la, la… Habla chucho, que no te escucho…

PORTERO. (*Descolgando la red de la portería*). Me voy de pesca, a ver si al menos como algo.

ÁRBITRO. Por lo que más quiera, señor delantero, sea razonable. ¿Qué le parece si nos sentamos ante una buena cena y hablamos civilizadamente? Seguro que podemos llegar a un acuerdo.

DELANTERO. (*Cogiendo el balón en brazos, como un bebé*). La verdad es que nosotros también tenemos hambre. ¿Verdad, chiquitín?

ÁRBITRO. (*Saca un mantel del bolsillo y lo extiende en el césped*). ¡No se hable más! Mientras el portero busca algo para cenar, usted y yo ponemos la mesa. ¿No tendrá por casualidad unas copas de vino blanco?

DELANTERO. (*Sacándolas del bolsillo de su pantalón*). ¿Le sirven estas?

ÁRBITRO. Perfectas. Pero solo son tres.

DELANTERO. El balón es abstemio.

ÁRBITRO. Claro, claro…

PORTERO. (*Desde el lado opuesto del escenario, recogiendo la red*). ¡Han picado!

ÁRBITRO. ¡Ya tenemos cena!

PORTERO. Dos hermosos conejos.

DELANTERO. (*Asombrado. Protegiendo el balón con su pecho*). ¿Conejos?

ÁRBITRO. Los haremos al ajillo.

DELANTERO. ¿Cómo se atreve? ¡Qué afrenta! (*Se intenta ir y el árbitro le sujeta*).

ÁRBITRO. Si lo prefiere los cocinamos en pepitoria.

DELANTERO. Y yo que pensaba que podríamos hablar civilizadamente. ¡Ya casi nos había convencido de lanzar el penalti!

ÁRBITRO. Pero ¿qué ha ocurrido? ¿Por qué se pone usted así?

DELANTERO. ¿Que por qué me pongo así? Muy señor mío: ¡este balón es vegetariano!

PORTERO. Entonces, ¿ni siquiera le va a dar una patada flojita?

FIN

Después de leer

Recuerda las dos obras de Javier Fonseca que aparecen en este libro; compáralas y explica qué aspectos tienen en común. ¿Cuál es la función de los objetos?

¡Ahora tú!

Haz una descripción del carácter del balón como si fuera un personaje humano. Explica cómo son sus sentimientos, qué le gusta, qué le desagrada…

CLUB de Lectura

Busca en cada texto dos recursos que el autor o la autora utilice para crear situaciones absurdas. Pueden ser los dobles sentidos de las palabras en los diálogos, el lugar en el que se desarrolla, los personajes que intervienen, las acciones... Explica con tus palabras dichos recursos.

Imagina que puedes conversar con alguno de los autores de estos textos. Cuéntale qué te han parecido, argumentando tus opiniones sobre los personajes, los malentendidos, los juegos de palabras...

Enrique Jardiel Poncela fue un autor español que publicó obras de teatro del absurdo. Algunas de ellas fueron *Amor se escribe sin hache*, *La turné de Dios* o *Espérame en Siberia, vida mía*. Lee estos dos fragmentos para inspirarte.

De la obra *Amor se escribe sin h*:

—Pero ¿tú eres chófer?

—Suponiendo que a los que utilizan automóviles se les llama chófer, soy chófer.

—¿Y cuánto tiempo llevas conduciendo?

—Unos dieciocho neumáticos de repuesto.

—¿Y cuántos años suman esos neumáticos?

—Tres años, dos meses y un día. Lo que cualquier delito vulgar.

* * *

Lo que hizo fue subir a un taxi y decirle al chófer brevemente:

—A la estación.

—¿A la del Norte? ¿A la del Mediodía? ¿A la de las Delicias? ¿A la del Arganda? ¿O a la de las pulgas?

—Pero ¿hay cinco estaciones en Madrid?

—Sí, señor. Y contando la primavera, el verano, el otoño y el invierno, hay nueve.

Inventad fragmentos breves como los anteriores en la clase. Podéis formar grupos de dos o tres personas.

Para inspiraros podéis utilizar monólogos de actores y actrices conocidos, colecciones de chistes sobre diferentes temas, situaciones divertidas que os hayan sucedido...

Escribid los fragmentos, uniendo elementos que no están relacionados y utilizando juegos de palabras.

VISITANTES DEL ESPACIO

Manuel Sánchez Montero
Irene Pérez

¿Estamos solos en el universo? Por el momento, el único planeta en el que sabemos con certeza que hay vida es la Tierra. Sin embargo, eso no impide que los científicos y científicas busquen vida en planetas de nuestro sistema solar o de otras galaxias. En Venus se ha encontrado fosfina y se realizan en la actualidad investigaciones para saber si pudo existir vida allí. ¿Serán ciertas las leyendas que nos dicen que suelen visitarnos alienígenas de otros planetas? ¿Serán amigos o enemigos? ¡Estás a punto de descubrirlo!

Manuel Sánchez Montero

Soy maestro de Educación Primaria. En 2014 recibí el Premio Mejor Experiencia Educativa del Año por *Las aventuras de Tueli*; y, desde entonces, no he parado de inventar historias para mis alumnos y alumnas o para cualquier persona a la que le gusten la magia y el misterio. También he creado varios juegos de mesa que sirven para aprender y divertirse que se publican en muchos países. Ahora he unido el placer de leer con la aventura de jugar. ¿Lograrás regresar de las profundidades del espacio sideral? ¡Te espero en nuestro planeta!

Irene Pérez

Hola, soy Irene Pérez. Nací en Ibiza y me crie en Castellón, siempre junto al mar. Ahora, vivo en Barcelona y me dedico plenamente a mi pasión, la ilustración y la producción gráfica sobre papel. Colaboro en proyectos relacionados con el diseño, la música, el mundo editorial, la prensa, proyectos de carácter social, así como proyectos culturales en general. Fíjate bien porque podrás encontrar trabajos míos en infinidad de publicaciones de un montón de países. Espero que esta historia fantástica te lleve a viajar por el universo.

Antes de leer

Imagina algunos aspectos de la historia que vas a leer después de observar las pistas que te ofrece el índice. Por ejemplo:

- ¿Dónde tendrá lugar la aventura?
- ¿Quiénes serán los protagonistas?
- ¿Qué les ocurrirá?
- ¿Cómo podrán resolverlo?

Después de leer

¿Te han gustado los desafíos y los juegos de ingenio que se proponen en cada historia?

¿Te han parecido fáciles o te han resultado un poco complicados?

¿Qué desafío te ha gustado más?

PRIMER DESAFÍO: MISTERIO EN LA GRANJA

Había llegado el verano y tú tenías muchas ganas de terminar el colegio. Tus padres no podían pagar este año un campamento, así que, mientras ellos trabajaban en la ciudad, estarías en la granja de tus tíos. Pensabas que unas vacaciones con tus tíos en el campo iban a ser un tiempo de juego y descanso.

Soñabas con pasar todo el día jugando con tus primos Alejandro y Daniela, bañarte en la laguna del Cangrejo o recorrer los bosques con tu bicicleta, como hacías siempre que los visitabas en familia.

Pero tus planes se han venido abajo porque ya llevas una semana en la hacienda y lo único que has hecho es ayudar al cuidado de los animales y las plantas.

Cada día, al amanecer, el canto del gallo os despierta. Te levantas y tomas un buen desayuno. Pero, claro, antes de desayunar hay que ordeñar las vacas para tener leche fresca. Después del desayuno, vas con Daniela al corral para recoger los huevos que han puesto las gallinas. Cuando termináis os encargáis de cepillar y dar heno nuevo a las dos mulas de la hacienda, mientras que tu primo Alejandro ayuda a su padre a regar y recoger las verduras del huerto.

Cuando llega el final de la mañana, notas un enorme cansancio, así que te tumbas a descansar en una hamaca bajo el enorme árbol que hay en la entrada de la casa, justo antes de almorzar.

Casi dos semanas llevas haciendo todas estas tareas a diario cuando, una tarde, durante un paseo con tus primos y su perra Lula por el bosque cercano, todo cambia.

–Deberíamos irnos a casa –propone Alejandro–, se está haciendo tarde.

De pronto el cielo, que está de un color violeta oscuro, casi negro, se ilumina y un rayo de luz cae cerca de vosotros produciendo un gran estruendo.

–¿Qué ha pasado? –pregunta Daniela temblando de miedo.

–¡Algo ha caído desde muy arriba, mirad! –les gritas a tus primos mientras señalas una columna de humo a escasos metros de vosotros.

La perrita Lula sale corriendo hacia esa dirección ladrando sin parar. Los tres la seguís sin pensarlo. Cuando los ladridos cesan, veis que Lula ha quedado atrapada en una especie de caja metálica humeante que hay en el fondo de un pequeño cráter.

Daniela chilla y llora al ver a su perra encerrada.

Te acercas y ves que, en la parte superior de la caja, hay una serie de botones y algunos huecos libres. Al fijarte bien, compruebas que, seguramente, encajarán en ellos varios botones de diversas formas que se han caído y se encuentran tirados por el suelo a su alrededor.

–Si colocamos los botones que faltan, ¿se abrirá la caja? –pregunta Alejandro con un hilo de voz.

No os queda más remedio que probar, tenéis que sacar a Lula de allí sea como sea.

–¡Mirad! –gritas de pronto–. Es como un sudoku de símbolos y colores.

Daniela, que ya está más tranquila, razona:

–Entonces, habrá que colocar las piezas que están en el suelo de modo que no se repitan formas en la misma fila y la misma columna.

De inmediato, os ponéis manos a la obra.

¡Ahora tú!

¿Puedes completar el código para liberar a Lula?

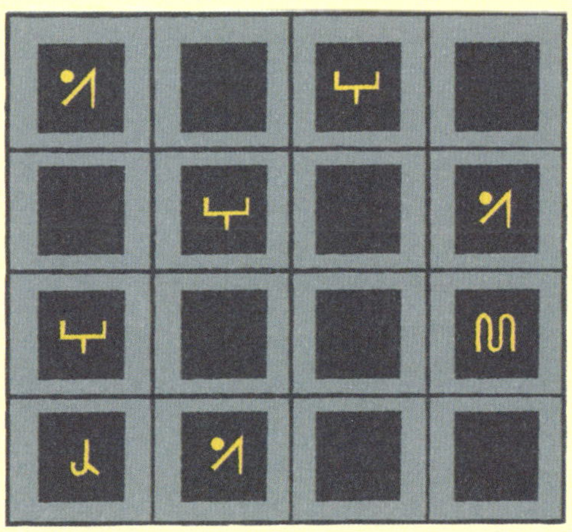

SEGUNDO DESAFÍO: UN EXTRAÑO ENGRANAJE

Entre Daniela y tú colocáis todos los botones en su lugar. Muy despacio, la caja metálica se abre y Lula queda liberada.

–¿Cómo habéis sabido la posición correcta? ¿Y qué significan estos símbolos tan extraños? –pregunta Alejandro mientras sostiene la caja entre sus manos.

Tú le explicas:

–Sabes que me encantan los sudokus. Solo había que colocar los botones según las figuras.

Luego, miras al cielo y preguntas:

–¿De dónde habrá venido este artefacto?

–Lo importante es que Lula esté bien –comenta Daniela con alivio.

Entonces se acerca a la perra e intenta rescatar un trozo de metal que el animal lleva sujeto en la boca.

–No hay forma de que suelte esto –se queja tu prima.

Cuando Lula se tranquiliza, Daniela consigue coger lo que lleva entre los dientes. Es un rectángulo plano metálico muy ligero con pequeños engranajes en el centro.

Alejandro sigue observando la caja en la que Lula había quedado encerrada:

–No entiendo cómo Lula ha cabido en una caja tan pequeña –murmura entre dientes.

–¡Es que se está volviendo más pequeña cada vez! –grita asustada Daniela señalando la caja que sostiene su hermano y que ahora no es más grande que un cubo de Rubik.

Alejandro suelta la caja como si le quemara en las manos y, mientras cae, observáis cómo sigue encogiendo hasta desaparecer justo al tocar el suelo.

–¡Vámonos a casa! Hay que contarle esto a mamá y a papá –afirma Alejandro agarrando a su hermana por la mano y tirando de ella.

–Toma –le dice Daniela alargándole la placa metálica–. Me da miedo tenerla, noto como si vibrara.

Él coge la placa y, de repente, una grieta de luz azul se proyecta justo detrás de ellos. Sale de la nada y con un zumbido eléctrico absorbe a los dos y se cierra tan rápidamente como se había abierto.

Te quedas de piedra, sin saber qué hacer. Tus primos han desaparecido y la pequeña plaquita metálica está en el suelo, brillando con la misma luz azul que la que había surgido de la grieta.

El brillo del extraño objeto de metal poco a poco se atenúa. Sin pensarlo, decides volver a la hacienda y avisar a tus tíos. Pero te detienes y reflexionas un momento: si la luz aún está encendida, es posible que puedas ir tras tus primos y rescatarlos. Si se apagara, quizás estarían perdidos para siempre. Así que te armas de valor y sujetas la pequeña placa de metal con ambas manos.

No ocurre nada..., tal vez haya que girar los engranajes que se ven en el centro de la placa de la manera adecuada para activarla...

¡Ahora tú!

Para acceder a la grieta, el engranaje 5 debe girar en el sentido de las agujas del reloj. Pero tú solo puedes manipular el engranaje 1. ¿Hacia dónde debes girarlo?

TERCER DESAFÍO: UN PLANO SORPRENDENTE

Cuando mueves el primer engranaje a la derecha, consigues que el último gire también en ese sentido y... la grieta se abre ante ti.

Alrededor de la intensa negrura hay un campo eléctrico azulado que emite un zumbido muy agudo. Te da tanto miedo que instintivamente das varios pasos hacia atrás, pero avanzas sin querer hacia el interior de la grieta. Es como si alguien te hubiera amarrado por los brazos y las piernas y tirara de ti desde su interior. Sientes un gran dolor antes de desmayarte.

Abres los ojos y vuelves a cerrarlos inmediatamente, una luz azul muy brillante te deslumbra y un sonido repetitivo te estalla en los oídos. Poco a poco vuelves a abrir los ojos e intentas acostumbrarte a la luz azulada.

Con dificultad, te pones de pie y compruebas que estás en una habitación. Todo lo que hay a tu alrededor es metálico, igual que la pequeña pieza donde giraste los engranajes, y resplandece con un brillo azul intenso. Todo menos un rectángulo que hay frente a ti.

Te acercas hasta allí entornando los ojos y compruebas que ese sitio sin luz es una puerta. De pronto, se abre. Te asomas y ves que la sala a la que da paso es exactamente igual que la anterior. En ella hay dos puertas más, una frente a ti y otra a tu izquierda. Cruzas la nueva sala cuadrada para salir por la puerta que está delante de ti. Otra vez, al cruzarla te encuentras en una sala idéntica a las anteriores.

–¿Qué lugar es este? ¿Dónde están mis primos? –piensas con angustia–. Esto es una pesadilla, cada vez que intento salir de una habitación entro en otra exactamente igual, no sé qué puerta cruzar. ¡Es un laberinto!

La desesperación te invade. Te sientas en el suelo y comienzas a llorar de impotencia. Cuando te tranquilizas, te secas los ojos y te incorporas. Entonces compruebas que en el suelo hay un gran símbolo como los que tenían los botones de la caja metálica que encontrasteis en el bosque. Vuelves a la habitación anterior; en el suelo hay otro símbolo distinto, así que decides volver a la primera estancia, donde despertaste.

También allí hay un gran símbolo en forma de equis que no habías visto antes. A su derecha hay un cuadrado dividido en otros 36 más pequeños iguales, que forman una especie de tablero de ajedrez. En algunos de ellos hay símbolos y, debajo del tablero, unas flechas y números.

–¡Es un mapa para salir! –piensas con alivio–. Cada cuadradito representa una sala. Solo tengo que avanzar por las salas siguiendo las direcciones para llegar a la habitación con el símbolo...

¡Ahora tú!

Sigue el recorrido que indica el plano. ¿En qué sala está la salida?

2↓ 4→ 2↓ 3←
1↓ 1←

CUARTO DESAFÍO: UN CANDADO ASTRONÓMICO

Dos hacia delante, cuatro a la derecha, dos hacia delante, tres a la izquierda, una más hacia delante y otra a la izquierda...

Al entrar en la última habitación encuentras en el suelo un signo parecido a una M mayúscula. En esta habitación hay tres puertas: recuerdas el plano y miras hacia la puerta que hay frente a ti.

–Tiene que ser la salida –murmuras intentando darte ánimos–. No sé lo que me encontraré al otro lado, pero espero dar con mis primos y salir de aquí.

Coges aire y caminas hacia delante. Al abrir la puerta te encuentras un pasillo con unas ventanas cuadradas, todo está negro tras ellas. Avanzas apresuradamente. Miras a ambos lados y, en el izquierdo, descubres algo que te llama la atención: una puerta con un gran dibujo de una extraña figura.

Te acercas al dibujo para observarlo mejor. Es un ser con forma octogonal de cuatro ojos, cuatro brazos y cuatro piernas. Su cuerpo parece flexible, de color rosa y en el centro, lo que debería ser su tronco, lleva una especie de protección metálica.

Miras a tu alrededor y te das cuenta de que la negrura que observas a través de las ventanas es en realidad... ¡el espacio! Un sudor frío te corre por la espalda. ¡Estás en una nave espacial!

Justo en ese momento, la puerta donde está el dibujo alienígena empieza a abrirse deslizándose de abajo arriba. El miedo te hace correr por el pasillo para alejarte de allí. Corres todo lo deprisa que puedes y miras de vez en cuando por encima del hombro hacia la puerta. Algo sale de ella. Tus piernas se aceleran.

Llegas al otro extremo del pasillo, que es más ancho en esa parte y desemboca en una sala enorme llena de grandes cajas metálicas de muchos colores y símbolos. Con el corazón a mil por hora intentas esconderte detrás de alguna de ellas.

Lo que salió de la puerta te ha seguido y ha entrado también en la sala. Te sientas en el suelo y cierras los ojos pidiendo que no te encuentre. El terror te atenaza. Se te ocurre meterte en el interior de una de las cajas..., pero no entiendes cómo se abre. La caja donde quieres ocultarte tiene un candado en forma de estrella a la que le falta la mitad. Por suerte bajo tus pies hay tres piezas. ¿Cuál será la adecuada? ¡Rápido, tu perseguidor se acerca!

¡Ahora tú!

Encuentra la pieza que encaja en el candado estelar y que permite abrirlo.

QUINTO DESAFÍO: SONIDOS ESPACIALES

Pruebas la tercera pieza y suspiras con alivio, la tapa superior de la caja se abre e inmediatamente te ocultas en ella. Por miedo a hacer ruido no cierras del todo y una pequeña rendija te permite ver lo que pasa fuera.

Pasan los segundos, los minutos y no oyes nada. Intentas levantar un poco más la tapa, pero en ese mismo momento la sombra aparece delante de ti. Te ha encontrado. La tapa de la caja donde te escondías se está abriendo.

–¡Sal de ahí! Nos van a ver –ordena la sombra en un susurro.

Esa voz te resulta familiar.

–¿Alejandro? ¿Eres tú? –respondes sin salir de tu asombro.

–Pues claro que soy yo. ¡Vamos, deprisa! Hay que buscar otro sitio antes de que nos vean.

Tu primo te ayuda a salir de la caja y los dos corréis hasta el final de la gran sala. Una puerta os lleva a un pequeño pasillo y este os conduce a una habitación llena de botones de muchos colores que parpadean al son de un sonido repetitivo.

–¿Dónde está Daniela?, ¿qué es este lugar?, ¿cómo salimos de aquí? –le preguntas con nervios y alegría.

–Pues se la llevaron. No sé más.

–¿Quién se la llevó? –contestas con preocupación mientras sigues oyendo el mismo sonido repetitivo.

–Todo ocurrió muy rápido. Estábamos en el bosque y, de pronto, nos encontramos en una sala con una luz azul muy brillante. Solo pude ver cómo muchos brazos rosas alejaban de mí a Daniela que tenía agarrada a Lula. Yo salí corriendo sin saber adónde ir, no veía nada con tanta luz brillante y, al abrir una gran puerta, te vi corriendo por el pasillo.

–Creo que estamos en una nave espacial –le contestas mirándolo a los ojos–. Nos han capturado unos alienígenas.

–¡Dios mío! ¿Qué vamos a hacer? –pregunta Alejandro horrorizado.

–Hay que localizar a Daniela y Lula.

Vuestros oídos sienten un gran alivio cuando el sonido cesa. Pero dura poco porque, a los pocos segundos, comienza de nuevo.

–¿Lo has oído? –te pregunta tu primo.

–Pues claro, es como si te clavaran un alfiler en el cerebro. ¡Qué incordio!

–Me refiero a que me parecen palabras. Presta atención, es algo como..., ¿hablan algo del espacio?

Os quedáis en silencio concentrados escuchando el sonido. No es todo igual como parecía en un principio, son sílabas.

–¡Ya lo tengo! –dice Alejandro–. Si ordenas las sílabas, oirás palabras...

¡Ahora tú!

Estas son las sílabas que escucháis Alejandro y tú. ¿Eres capaz de averiguar qué palabras forman?

e rra ti → ____________

na lu → ____________

pi jú ter → ____________

no sa tur → ____________

a lác ví a te → ____________

dró me an da → ____________

SEXTO DESAFÍO: UN LABERINTO GALÁCTICO

–Tierra, Luna, Júpiter, Saturno, Vía Láctea y Andrómeda... El último no me suena de nada –dice extrañado Alejandro.

–Andrómeda –le respondes– es una galaxia. Quizás esas palabras indiquen el trayecto que seguirá esta nave espacial.

El sonido cesa súbitamente y todas las luces de colores que hay a vuestro alrededor se tornan de color rojo. Sentís una fuerte presión en la cabeza que os hace tiraros al suelo. Al cabo de unos instantes, las luces rojas vuelven a ser de varios colores y la presión desaparece.

–¿Qué es lo que ha pasado? –pregunta tu primo.

–No lo sé, creo que nos hemos movido –le dices mientras buscas una ventana para mirar al exterior.

–¡Madre mía! –grita Alejandro incrédulo–. ¡Estamos en el planeta de los alienígenas!

Desde la ventana ves que la nave donde os encontráis se va acercando rápidamente a un enorme planeta rojo con nubes verdes. Pegáis la cara a la ventana para ver cómo la nave entra en la atmósfera verdosa del planeta, traspasa las nubes y llega hasta lo que parece una gigantesca ciudad. Poco a poco, la nave se posa en una pista luminosa de aterrizaje.

–¡Mira! ¡Ahí está Daniela! –grita tu primo.

La veis encerrada en una especie de jaula flotante junto a Lula. Dos alienígenas como los del dibujo de la puerta escoltan la caja mientras atraviesan una plataforma. Se van alejando hasta que los perdéis de vista por una de las calles de aquella extraña ciudad.

–Tenemos que ir a por mi hermana. ¿Adónde la llevarán? No podemos abandonarla aquí.

–No sabemos si hay más alienígenas en la nave. Debemos salir sin ser vistos. Mira, los alienígenas rosas llevan una especie de máscara cuando están en el exterior, posiblemente necesiten algo especial para respirar. Seguro que en la nave hay un sistema de ventilación. Si lo seguimos hasta el exterior, podremos escapar de forma segura.

–Bien pensado –dice Alejandro–. Estos alienígenas son muy ordenados, seguro que el sistema de filtrado de aire es fácil de seguir. Aquí abajo hay una rejilla, podemos entrar por ella.

Entre los dos, haciendo fuerza, lográis quitar la rejilla y os introducís en el tubo cuadrado del sistema de ventilación. En la pared del tubo hay un signo parecido a un átomo.

–Esto parece un átomo de hidrógeno y una pequeña flecha. Puede que los alienígenas rosas respiren hidrógeno en lugar de oxígeno. Solo debemos seguir el camino que indican estos átomos.

¡Ahora tú!

Sigue el sistema de ventilación pasando por todos los átomos de hidrógeno.

SÉPTIMO DESAFÍO: UN CÓDIGO INTERESTELAR

Tras varias vueltas por el laberíntico sistema de ventilación de la nave alienígena, lográis dar con la salida. Comprobáis que no hay nadie en la plataforma de aterrizaje y salís por un lateral.

Al bajar de la nave hueles un aire fresco con aroma a menta y sientes como si te hubieras quitado un gran peso. ¡Qué bien se respira allí!

–Parece que la gravedad del planeta es menor que en la Tierra –le dices a Alejandro mientras comienzas a saltar como si fueras un muelle.

–No hagas eso, vas a llamar la atención. Hay que ir hacia allí –señala tu primo en dirección al lugar donde desapareció Daniela.

–No creo que llamemos mucho la atención. Mira la cantidad de seres extraños que hay por la calle.

A medida que os adentráis en la ciudad podéis comprobar que está poblada por cientos de seres de distintas especies: grandes, pequeños, esponjosos, voladores, cuadrúpedos...

–Creo que este sitio es algo así como un planeta comercial. Hay muchas... ¿tiendas?

Allá donde miras hay algún puesto con artículos extraños y los alienígenas que los frecuentan intercambian unas rocas verdes. Os encontráis en una especie de mercado intergaláctico.

–Va a ser imposible encontrar a mi hermana en este lugar, es inmenso –se lamenta Alejandro.

–No te preocupes, primo. Tengo una corazonada, vamos a preguntar a aquel ser volador, a ver si podemos entendernos con él.

Os acercáis a un puesto en el que una especie de mosca gigantesca revolotea entre varias cajas dentro de las cuales hay otros seres más pequeños atrapados.

–Buenas tardes, señor, nos gustaría saber si ha visto a alguien como nosotros pasar por aquí.

–Zzzz, zoz, zzzz, zoz... –zumba aquel ser mientras se os acerca.

Alejandro da un paso atrás como acto reflejo ante la respuesta de aquella «criatura mosca» y tira al suelo una de las cajas que hay en una mesa flotante. De ella salen unas lombrices enormes con dos cabezas.

El dueño vuelve a zumbar, pero mucho más fuerte, y comienza a revolotear encima de las lombrices. Detrás de la mesa aparece otro alienígena, grande y peludo, y se pone a recoger las lombrices para introducirlas de nuevo en la caja.

Te agachas para ayudarle y termináis de recoger los blandos y húmedos bichos. El ser peludo te mira con sus diminutos ojos lanzando un par de sonidos parecidos a vocales. Luego, en su pecho peludo aparecen unos signos formados por... ¡los pelitos! Tú no puedes creer lo que estás viendo.

El ser parece amigable y señala un cartel luminoso que cuelga en el puesto.

–¡Mira, en ese cartel hay letras como las que usamos nosotros! –dices con entusiasmo.

–¡Quizás esas letras sean la clave para saber qué nos quiere decir con esos signos de su pecho! –propone tu primo–. Podríamos comunicarnos con él si averiguamos la relación entre ambas cosas.

¡Ahora tú!

¿Eres capaz de descubrir lo que el alienígena peludo ha dicho para intentar comunicarte con él teniendo como referencia este cartel?

OCTAVO DESAFÍO: UN CIRCUITO ROBÓTICO

Tu primo murmura absorto:

–Si cada símbolo es una letra, la única letra que está en un cuadrado completo es la G, luego ese punto arriba sería la R.

Luego, grita entusiasmado:

–Gracias: te está dando las gracias.

–A lo mejor, el cartel luminoso es una especie de traductor –te aventuras a decir.

Alejandro saca un móvil de su bolsillo y te corrige:

–¿Crees que se podría descargar el traductor como una aplicación en el móvil?

–¿Tienes un móvil? Quiero decir... ¿tenías un móvil todo este tiempo y no lo has usado? –le preguntas con incredulidad.

–Me lo regalaron en mi cumpleaños, te recuerdo que ya voy al instituto –te contesta haciéndose el importante–. Nada más llegar a la nave de los alienígenas intenté comunicarme con mis padres, pero no funciona nada: ni llamadas, ni mensajes, ni conexión a internet... Pero, mira –te dice enseñando con orgullo la pantalla del móvil–, hay un icono con un extraño símbolo. Voy a ejecutarlo, a ver qué pasa.

Poco después, Alejandro escribe en el móvil la pregunta que desea formular al alienígena y en la pantalla surge una hilera de símbolos.

Sin pensarlo dos veces, empiezas a dibujar los símbolos en el aire, frente al ser peludo que espera pacientemente. Pero él parece que no entiende lo que estás haciendo.

–Quizás solo entienda si lo hacemos en... ¿su cuerpo? –te dice Alejandro con cara de estupor.

Te acercas muy despacio hasta el gran alienígena y comienzas a trazar los símbolos en su cuerpo con el dedo índice. Su pelo es suave y deja un surco cuando desplazas la mano sobre él. Cuando terminas de dibujar los símbolos, das un paso atrás para poder comprobar si lo ha entendido.

Parece haber funcionado. En su cuerpo, de nuevo, comienzan a surgir símbolos. Inmediatamente, tu primo los reproduce con cuidado en la aplicación.

De pronto, unas luces rojas y azules aparecen al final de la calle y muchos de los alienígenas que poblaban la calle salen corriendo en dirección contraria a ellas. Coges a tu primo del brazo y lo llevas hasta un pequeño callejón que hay cerca de allí.

Os escondéis y Alejandro te informa de lo que ha descubierto:

–No sé lo que está pasando, pero el ser peludo ha dicho que vio pasar no hace mucho a un ser como nosotros y que lo llevaron a algo llamado Robocombat. ¿Será una especie de competición de robots o algo así?

Miras a tu alrededor. En el callejón, hay restos de robots desperdigados por el suelo. Los hay de todos los tipos y tamaños.

Sin pensarlo dos veces, propones a tu primo:

–Vamos a intentar reparar algún robot de los de ahí para entrar en el Robocombat y salvar a tu hermana. Mira, este está casi nuevo, solo habría que colocar bien los cables de su circuito principal.

¡Ahora tú!

Descubre cuántas «casillas» hay que girar los fragmentos de cable para que se cierre el circuito.

NOVENO DESAFÍO: ROBOCOMBAT

Termináis la última conexión y os retiráis para ver el aspecto de vuestro robot. Tú comentas:

–Pues creo que ya está listo, tan solo había que girar tres pequeñas placas para solucionarlo. Espero que tenga energía o batería suficiente para funcionar.

–No sabía que se te daba tan bien la electrónica –dice asombrado tu primo.

–Es fácil, hicimos varios proyectos sobre circuitos en el colegio y ya sabes lo que me gusta la robótica y programar. Le daré al botón rojo que tiene aquí arriba a ver si funciona...

Con una luz amarillenta y un ruido parecido a un dron, el robot se eleva y abre un gran ojo lentamente. Es esférico, con dos brazos con pinzas y un orificio en la parte superior en el que se ven distintos engranajes y cables.

–¡Qué bien! –grita de felicidad Alejandro–. Creo que con él podremos ir al Robocombat y pasar desapercibidos.

Salís del callejón y empezáis a seguir a la muchedumbre de alienígenas, entre los cuales hay un gran número de robots.

Al cabo de un rato, llegáis a un edificio redondo donde dos enormes criaturas cubiertas con una especie de armadura vigilan la entrada. Con paso firme para no levantar sospechas os dirigís con vuestro robot a la puerta.

–*¡Hudish, telk´o hudish!* –os grita uno de los guardias–. *¡Hudish!* –vuelve a gritar señalando a la derecha.

–Creo que quiere que entremos por esa otra puerta –le dices a Alejandro.

Con precaución pasáis por una amplia puerta donde os encontráis de nuevo con varios alienígenas con robots de distintas formas y tamaños.

Tu primo susurra:

–Bueno, ya estamos dentro. Esto parece una sala de espera. ¿Qué hacemos ahora?

–Tú tienes el traductor, ¿por qué no vas a investigar a ver dónde tienen a Daniela? Yo me quedaré aquí con el robot para no levantar sospechas.

Tu primo se aleja y tú empiezas a caminar por la sala para inspeccionar un poco. Ves una reja al fondo y te diriges a ella; tu robot te sigue. Al acercarte a la reja, escuchas un gran alboroto procedente del exterior. Te asomas y contemplas una especie de arena de combate donde dos enormes robots pelean dándose golpes. De pronto, uno de ellos saca una sierra de su puño y le corta un brazo a su rival. Este cae al suelo soltando chispas y humo.

Al fijarte bien, observas con espanto que, en un pedestal en el centro de la arena, se encuentra atada Daniela junto a Lula. Las dos están adornadas como árboles de Navidad.

Sin previo aviso, la reja donde estás se levanta y alguien te empuja gritando: «*¡Hudish!*».

Un instante después, la reja de metal cae a tu espalda, dejándote con el robot en la arena. En tus manos se materializa un mando de control con símbolos y dibujos. Al mirarlo, ves que la pantalla muestra a tu robot de forma holográfica. El público que asiste al combate grita enloquecido.

–¡Quieren que mi robot pelee! –piensas sin poder reaccionar por el miedo–. ¿Cómo hago para combatir?

¡Ahora tú!

Descubre la secuencia apropiada para que tu robot consiga activarse para el combate.

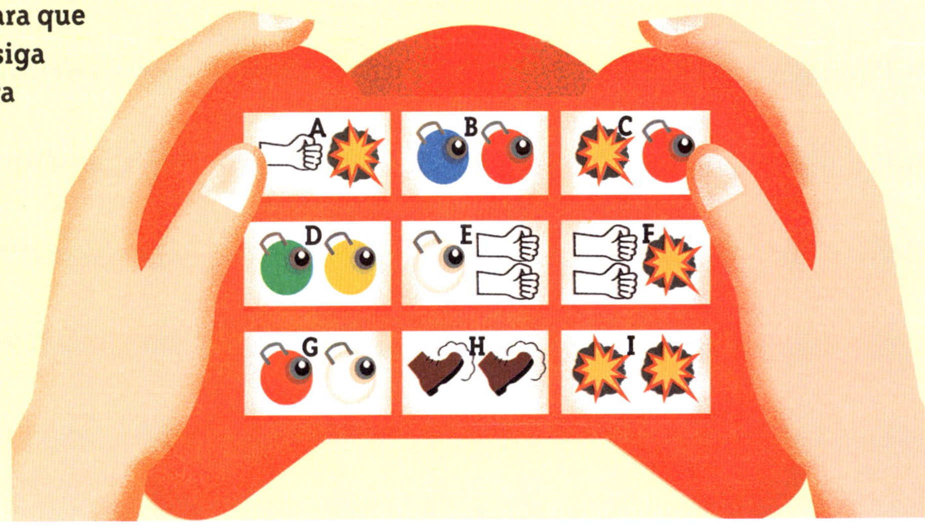

DÉCIMO DESAFÍO: DE VUELTA A CASA

Después de reflexionar un momento, hallas una solución:

–Son como fichas de dominó. Tan solo hay que ponerlas en el orden correcto: ¡la solución es A-C-G-E-F-I!

En ese instante tu robot cierra los puños al frente y del orificio de la parte superior emerge un pequeño cañón. Las imágenes de tu mando de control cambian mostrando nuevas fichas que incluyen el cañón.

Al observarlo, piensas: «Genial, puede disparar. Aunque el otro sea mucho más grande y fuerte, si este pequeñajo es lo bastante rápido, quizás tenga alguna oportunidad».

Todo se vuelve oscuro y solo quedan iluminados los robots en la arena. El gigante de acero se acerca con grandes pasos hacia tu robot con la sierra en alto listo para golpear. De nuevo comienzas a ordenar las imágenes en tu mando de control y, con mucha precisión, colocas la última justo antes de que el pequeño robot reciba el impacto. Tu robot esquiva el golpe volando a la izquierda y se coloca a la espalda de su adversario disparándole un láser rojo desde su cañón.

–¡Bien! –gritas apretando el puño–. Tan solo tengo que concentrarme y esquivar sus golpes.

Repites el mismo movimiento varias veces hasta que uno de tus disparos atraviesa al gran robot y lo hace caer al suelo soltando chispas desde el interior. De nuevo la arena se ilumina y el público grita al unísono: «*¡Hudish!*».

Un ser verde como una babosa enorme se acerca a ti junto a los guardias de la entrada y te entrega a tu prima y la perrita como si fueran trofeos.

–¡Gracias por venir a rescatarnos! –grita de alegría Daniela abrazándote–. Creía que todo esto era una pesadilla de la que no podría escapar. Por favor, vámonos de aquí, creo que sé cómo regresar a casa. ¿Está mi hermano contigo?

En ese instante, Alejandro llega corriendo desde la reja por donde entraste y abraza a su hermana con alivio.

Daniela dice en voz baja:

–Rápido, vamos a la nave antes de que los alienígenas que nos capturaron regresen. Ahora se están gastando el dinero que les han dado por atraparnos.

Alejandro y tú os miráis con cara de no entender nada. Daniela entonces os explica que los alienígenas rosas buscaban en la Tierra especímenes que sirvieran de trofeo para el ganador de la competición de robots. Como ella y Lula permanecieron juntas todo el tiempo las capturaron a ambas.

–¿Y cómo es que entiendes el lenguaje de esos alienígenas? –pregunta Alejandro a su hermana.

–Al principio me costó un poco, pero enseguida me di cuenta de que hablan nuestro idioma, pero al revés.

Alejandro concluyó:

–Cuando lleguemos a casa quiero que me lo cuentes todo.

Habéis llegado junto a la nave y entráis a toda prisa. Daniela os conduce hasta una sala donde hay una puerta circular. A la derecha hay un panel con símbolos y letras.

–Para volver a casa hay que introducir el código. Si lo hacemos, estaremos a salvo –afirma Daniela mostrando una pantalla bajo el panel.

–Aquí hay muchas letras, pero la clave para acceder tan solo tiene seis, ¡mucho ojo! –advierte Alejandro.

Te acercas al panel de control, pero te detienes y piensas en voz alta:

–Tenemos que considerar que el idioma de los alienígenas es el mismo que el nuestro, pero al revés.

¡Ahora tú!

¿Cuál es el código que debes introducir?

ADEMÓ**R**DNA ☐☐☐☐☐☐☐☐☐

AÍV A**E**TCÁL ☐☐☐ ☐☐☐☐☐☐

ONRU**T**AS ☐☐☐☐☐☐☐

RET**I**PÚJ ☐☐☐☐☐☐☐

A**N**UL ☐☐☐☐

ARREIT ☐☐☐☐☐☐

CLUB de Lectura

¿Cómo acaba esta historia? Termínala tú respondiendo a las siguientes preguntas:

- ¿Crees que tiene algún significado el código que has hallado?
- ¿Habéis conseguido regresar a la Tierra? ¿A qué hora? ¿En qué lugar?
- Si habéis vuelto a la granja, ¿contaréis la aventura galáctica a tus tíos? ¿Por qué?
- Si no habéis logrado volver, ¿dónde os encontráis? ¿Qué veis? ¿Qué podréis hacer?

Imaginad entre todos diferentes especies de alienígenas que se pudieran encontrar en el misterioso planeta que visitaron los personajes de la historia. Haced una ficha de cada uno de ellos y explicad sus características, como si fuerais naturalistas de las galaxias. Formad un cuaderno de campo colectivo.

Nombre común:	Familia:
Nombre científico:	Género:
Fecha de observación:	Especie:
Lugar de observación:	

Inventad un código que asocie cada letra del abecedario a un símbolo. Haced un cartel descodificador y utilizadlo como clave para escribir y descodificar mensajes.

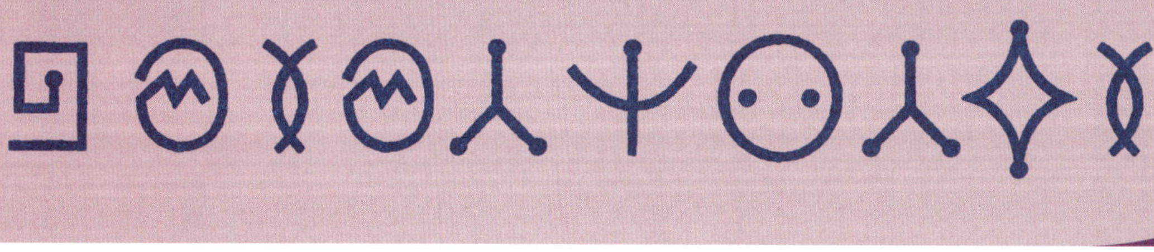

Realidad o ficción

Sofía Rhei

Soy Sofía Rhei y nací en Madrid en 1978. He tenido infinidad de trabajos emocionantes, pero lo que más me gusta es inventar juegos e historias y componer canciones. He aprendido varios idiomas para poder leer en ellos. Colecciono semillas y vivo en una biblioteca. He publicado las novelas juveniles de fantasía *Flores de sombra* y *La calle Andersen*; los libros infantiles *Cómo tener ideas* y *Los hermanos Mozart*; las series infantiles *Krippys* y *El joven Moriarty*, así como varios libros de poesía para lectoras y lectores jóvenes.

¡A ver qué os parecen los textos que vais a leer a continuación!

Verónica Grech

Desde pequeña, sentí que me comunicaba mejor con las imágenes que con las palabras. Me gustaba tanto dibujar que decidí estudiar Bellas Artes y me hice ilustradora. Ahora trabajo haciendo lo que más me gusta para periódicos y revistas de todo el mundo y disfruto ilustrando los libros con los que me habría gustado estudiar cuando tenía tu edad.

Índice

Antes de leer

¿Por qué crees que este libro se titula *Realidad o ficción*?

¿Cómo piensas que serán estas lecturas?

Después de leer el índice, ¿qué textos piensas que te van a gustar más?

Después de leer

¿Qué lecturas te han gustado más?

¿Cómo describirías tú los textos que hay en este libro?

¿Qué historias te han parecido más originales?

Gallinas en Marte

¿Sabéis qué es lo peor de ser astronauta? Nunca os lo habríais imaginado, pero... lo peor de ser astronauta son las gallinas.

Nuestra misión consiste en crear una pequeña granja en Marte. Sin cultivar y criar alimentos, no es posible establecer aquí una colonia. Así que nos han enviado a plantar patatas y vainas de soja.

Las plantas me gustan. Son tranquilas y nos entendemos estupendamente. Yo las riego y las cuido en este mundo extraño, y ellas me dejan comerme sus frutos y los tubérculos que ya no les sirven.

¿Realidad o ficción?

REALIDAD

Los conejos, mientras no se escapen, no molestan demasiado. ¡Pero los gallos y las gallinas no dejan de armar escándalo! Debe de ser que no les gustan los hábitats que les ha hecho la ingeniera. Incluso se pelean a picotazos. No sé qué problemas tan graves podrán tener, deberían estar orgullosas de ser las primeras aves en pisar Marte. Quizá si les diéramos una medalla se calmarían.

A veces las miro pelearse y pienso...: ¿de verdad es necesario que vengamos a traer nuestros problemas terrestres al cosmos infinito? ¿No podríamos dejar los planetas con la gran calma que tenían antes?

FICCIÓN

Pero ¿sabéis a quiénes les gustan también esos tomates y esas patatas? No, no podrías saberlo, salvo que tuvieras acceso a los archivos secretos de la misión. Y es que la existencia de estos seres aún no se ha revelado al gran público. Podría causar una revolución.

Los dinosaurios no están extintos o, al menos, no todos. La misma secuencia de acontecimientos que provocó su presencia en la Tierra los trajo aquí, a Marte. Las diferentes características del ambiente y la temperatura hicieron que evolucionaran de forma distinta...

Aquí los saurios son ágiles, pequeños, saltarines y regordetes. Tienen un pico afilado, una cabeza pequeña, plumas desordenadas y muy mal genio. Recuerdan tanto a nuestras gallinas que dan ganas de ofrecerles unos granos de maíz..., solo que se zamparían mi mano.

Cada vez me cuesta más mantenerlos a raya. Menos mal que son listos, y han comprendido que si destrozan mi invernadero podrán comer plantas y astronauta una vez, pero solo una. Así que me dejan hacer, pero saquean mis cultivos con frecuencia.

Hoy he conseguido atrapar uno por primera vez. Picotea furiosamente la jaula de titanio, da miedo verlo. Sabe cuál será su destino, pero se resiste con todas sus plumas. Ya he pedido autorización al control en la Tierra y me la han concedido. Esta noche, si los análisis lo consideran adecuado..., cenaré gallina marciana.

Después de leer

¿Cuál de los dos finales posibles de esta historia te ha gustado más? Explica por qué.

¿Qué añadirías o qué quitarías tú en estas historias?

¡Ahora tú!

Imagina que eres la ingeniera que ha creado los hábitats en los que deben desarrollarse los animales y las plantas. Haz un dibujo para representarlos y explica cómo se utilizan, en qué espacio debe estar cada uno de ellos, de qué manera se suministra el alimento a los animales, cómo se riegan las plantas...

La astilla

Era la primera vez que Omar se clavaba una astilla en el dedo. ¡Y no tenía ni idea de que doliera tanto! Cuando no se tocaba el dedo, molestaba, pero era soportable. Sin embargo, en cuanto trataba de quitarse la astilla, ¡veía las estrellas!

Su madre le dijo que si no dejaba que se la sacara la astilla podría quedarse ahí mucho tiempo y que le dolería cada vez que usara el dedo. Incluso podría llegar a infectarse. Si eso sucedía, el dedo se le pondría como una berenjena.

—Lo mejor es que aguantes el dolor y me dejes sacártela de una vez. Si no, estarás molesto durante días. ¿No crees que deberías acabar ya con el problema?

—No lo tengo claro —respondió Omar. El dolor le daba demasiado miedo.

—Hijo, tienes que pensar el tipo de persona que deseas ser. Hay gente que sabe enfrentarse a los problemas y gente que no. Pero los problemas no se marchan solos, igual que las astillas. Antes o después hay que plantarles cara.

—Bueno, pues si puedo elegir, prefiero ser de las personas que dejan los problemas para otro momento. Quizá mañana esté más preparado para enfrentarme a esta astilla.

La madre de Omar se echó a reír.

—Como quieras, peque. Consúltalo con la almohada.

¿Realidad o ficción?

REALIDAD

Al día siguiente, el dedo de Omar estaba mucho más rojo y dolía de verdad.

—¡Mamá! ¡Mira lo que me ha pasado!

—Es algo que irás aprendiendo. Ya te advertí que los problemas no se van haciendo más pequeños, sino que crecen si no se les presta atención. Y ahora, siéntate ahí, relájate y deja que te saque la astilla y desinfecte bien la herida.

—¿Con alcohol?

—Ayer habría bastado con agua oxigenada, pero ya es demasiado tarde.

FICCIÓN

Al día siguiente, del dedo de Omar había brotado una pequeña plantita.

—¡¡Mamáááá!! —se puso a llamarla en cuanto la vio.

Su madre llegó corriendo.

—Hijo, lo que se te había clavado no era una astilla, ¡sino una semilla! No entiendo cómo ha podido germinar en tu dedo. Ahora tenemos que ir al hospital.

—¡No quiero ir! ¡Me dolerá mucho!

—Como tú quieras.

Una semana más tarde, la planta que había brotado del dedo de Omar ya era tan grande como su mano y tenía siete hojas.

—¿No crees que es un buen momento para ir al hospital? —le preguntó su madre.

Omar se negó. Y así, el pequeño problema al que no quería enfrentarse fue creciendo y creciendo hasta convertirse en un árbol gigantesco.

Después de leer

¿Cuál de los dos finales posibles de esta historia te ha gustado más? Explica por qué.

¿Qué añadirías o qué quitarías tú en estas historias?

¡Ahora tú!

Explica con tus propias palabras las siguientes ideas e indica qué harías tú si hubieras sido Omar:

- Hay gente que sabe enfrentarse a los problemas y gente que no.
- Los problemas no se marchan solos, igual que las astillas.
- Antes o después hay que plantar cara a los problemas.

El monstruo

Yo soy el monstruo. Me ha tocado serlo porque mido más de dos metros. Desde que nací, todo el mundo me ha tenido miedo. Pero yo no tengo la culpa de ser tan grande, de tener tanta fuerza. De que mis manos sean enormes.

Camino por el borde del bosque, dando zancadas. Ya que tengo que ser el monstruo, pienso ser el más aterrador de todos. Agito los brazos y hago ruidos inquietantes.

Me acuerdo de cuando era joven. De cómo las chicas se apartaban a mi paso y los chicos no querían hablar conmigo. La gente se inventaba historias.

Sí, me tocó este cuerpo aterrador, y supongo que yo mismo acabé por creérmelo. Y me aparté de la gente. Pero ahora no es el momento de pensar en el pasado.

Gruño y doy golpes a los árboles. Entonces veo a la madre con su bebé. Aún no se ha dado cuenta de que estoy cerca. Mira a su alrededor, temerosa. Se sobresalta con cada ruido.

Quiero darle el mayor susto de su vida. Me acerco en silencio, por la espalda. De algún modo siente el peligro, pero algo le impide mirarme.

Acerco la mano a la cabeza del bebé. Es tan pequeña que podría aplastarla con una sola mano. Y mi garra está tan cerca de su cuello... Entonces el bebé abre los ojos, me mira. Al contrario que su madre, se ha dado cuenta de mi presencia.

¿Realidad o ficción?

REALIDAD

—¡Corten! —grita el director—, toma buena.

La actriz se vuelve hacia mí, sonriendo.

—¡Has estado genial! —me felicita.

—Tú también —le respondo.

Mi asistente me acerca una manta y un chocolate. Me dice que tenemos una hora hasta el rodaje de la siguiente escena y me acompaña hasta mi caravana. En ella, mi nombre está escrito con letras doradas.

Sí, desde que nací todos se han asustado de mí. Pero ese mismo aspecto, ahora, me ha dado fama y fortuna. Yo soy el monstruo, pero, gracias a eso, ahora también soy la estrella.

FICCIÓN

Acerco el dedo al bebé para que juegue con él, como si fuera un sonajero.

Pero, en cuanto me agarra, la mirada del niño cambia. ¡Sus ojos se vuelven incandescentes! Abre la boca, mostrando dos hileras de afilados dientes negros, y me muerde el dedo con maldad. ¡Aquello escuece como el veneno de mil serpientes!

—¿Qué hace usted molestando a mi pequeño?

La madre se da la vuelta. Su mirada también arde como las ascuas del infierno, y me amenaza con una larguísima lengua bífida y siseante.

Sí, puede que para otros yo sea un monstruo, pero sé muy bien cuándo he perdido la partida. Así que salgo corriendo como alma que lleva el diablo.

Después de leer

¿Cuál de los dos finales posibles de esta historia te ha gustado más? Explica por qué.

¿Qué añadirías o qué quitarías tú en estas historias?

¡Ahora tú!

¿Cuál de los personajes del relato de ficción te parece más temible? Explica por qué lo piensas.

Escribe el relato de ficción desde el punto de vista del bebé. Explica quién eres, cómo es el ser que se acerca a ti, cómo te sientes al verlo...

La gran batalla

Desde lo alto de la muralla, los soldados veían avanzar al enemigo.

El ejército se acercaba a galope. Tenía un aspecto aterrador. Había, al menos, trescientos soldados. Y todos llevaban arcos y lanzas. Hasta los caballos parecían feroces.

—¿Qué vamos a hacer para protegernos? —preguntó el soldado novato.

—Nos han preparado este caldero —respondió otro soldado—. Dicen que se lo echemos por encima cuando se acerquen.

—Y ¿qué les hará? —quiso saber el nuevo.

—No tenemos ni idea. Cada vez es diferente.

¿Realidad o ficción?

REALIDAD

Cuando la poción se derramó sobre el ejército atacante, este quedó paralizado. La sustancia era tan pringosa que impedía moverse a los soldados. Además, les resbalaba sobre los ojos.

—Pero esto no los detendrá mucho tiempo —reflexionó el soldado novato.

—Espera y verás —se regocijó el sargento.

Se oyó el chirrido de unas cadenas metálicas en la parte baja del castillo y después un portón que se abría.

—Menos mal que estamos aquí arriba. No les gusta nada estar encerrados —dijo otro soldado.

—¿A quiénes? —preguntó el nuevo, algo alarmado.

—Mira ahí abajo y verás.

El soldado se asomó entre las almenas a tiempo de ver cómo cinco osos pardos salían de su encierro en el castillo. Se pusieron a perseguir a los soldados empapados de potingue.

El sargento rebañó un poco del caldero.

—Es una miel deliciosa.

El soldado novato sonrió. Ya decía su abuela que se conseguía más con una gota de miel que con un litro de vinagre.

El otro soldado continuó diciendo:

—El mejunje unas veces los convierte en sapos, otras veces en palomas.

—¿En serio?

—Sí. Ten mucho cuidado con ese potingue. No lo toques.

El soldado novato empezó a comprender muchas cosas. Por eso había visto tantos sapos enfadados en las charcas. Y tantas palomas de mal humor.

Desde las almenas, vertieron la poción sobre el ejército enemigo y los feroces guerreros se volvieron... pequeños erizos. Los defensores del castillo cantaron victoria. Pero la alegría no les duró demasiado.

—¡Señor, nos atacan por el otro lado! ¡Es un ejército de sapos y cuervos!

—Pues contra estos no tenemos nada... —dijo uno de los veteranos, asustado.

Los cuervos llevaban en las patas los sapos venenosos. Los dejaron caer sobre los soldados. Estos huyeron, aterrados. A continuación, las aves recogieron del suelo los erizos. Y arrojaron esas enfadadas bombas de pinchos.

Entonces, en medio del caos, el mago se asomó al balcón y anunció:

—Esto os enseñará a no estar siempre batallando.

Y entonces el soldado novato comprendió lo que sucedía. La venganza de los animales era lo que el mago había planeado desde el principio. Y al esquivar un erizo, pensó que a lo mejor tenía razón: él también estaba harto de tantas batallas.

Después de leer

¿Cuál de los dos finales posibles de esta historia te ha gustado más? Explica por qué.

¿Qué añadirías o qué quitarías tú en estas historias?

¡Ahora tú!

Imagina que ha terminado la batalla y un ejército de erizos, cuervos, palomas y sapos se dirige a ver al mago. ¿Qué crees que le pedirán? ¿Qué hará el mago con ellos? ¿Por qué?

La mina de esmeraldas

El equipo de mineros se adentra en la oscuridad del túnel. Su misión es conseguir tantas esmeraldas como sea posible. Están preocupados porque el día anterior se produjo un derrumbamiento. Saben que esos túneles no son seguros.

Iluminan el camino con faroles. Observan las paredes, buscando signos de humedad. Si hay agua, se podría producir otro derrumbe e, incluso, podrían quedarse atrapados.

¿Realidad o ficción?

REALIDAD

—Creo que sería mejor que nos detuviéramos a apuntalar este trecho antes de continuar —propuso uno de los mayores.

—Pero eso nos retrasará y puede que a los jefes no les guste —dijo el capataz.

—Si nos quedamos aquí atrapados por no ser prudentes, ya no habrá mineros —dijo el mayor.

Los mineros sometieron el asunto a votación. Al final, la opción ganadora fue reforzar la parte más inestable del túnel para evitar sustos.

—La seguridad es lo más importante —dijo uno de los jóvenes mientras picaba la piedra para encajar una viga.

Y entonces, de repente, algo brilló en la pared. Algo de color verde.

—¡Has descubierto una veta, chaval! ¡Es nuestro día de suerte! —le felicitaron los demás.

—Nunca habría picado ahí si no hubiéramos decidido apuntalar. ¡Hacer lo más sensato nos ha beneficiado!

—Este jugador es un paquete —susurra uno de ellos—. Mira que hacernos venir por esta sección.

—Sí, su hermano es mucho mejor. Él sabe cómo detectar los signos de peligro.

—Como algo se derrumbe tardaremos horas en salir.

—Pues peor para él. Durante ese tiempo, no le conseguiremos esmeraldas. Y sin esmeraldas no hay manera de avanzar en el juego.

Un estruendo a su derecha hace correr a los mineros. Se refugian en una cámara lateral.

—¿Veis? Os lo estaba diciendo.

—Menos mal que dentro de los juegos no necesitamos aire para respirar.

—Espero que pronto se ponga a jugar su hermano. Él sabrá cómo sacarnos de aquí.

Después de leer

¿Cuál de los dos finales posibles de esta historia te ha gustado más? Explica por qué.

¿Qué añadirías o qué quitarías tú en estas historias?

¡Ahora tú!

Formad grupos e inventad el juego en el que se podría desarrollar la historia que acabáis de leer. Pensad lo siguiente:

- Dónde se desarrolla.
- Quiénes son los personajes.
- Cuáles son las reglas del juego...

Dibujad un esquema del espacio en el que se desarrolla el juego con los elementos que creéis que debería tener.

El parque de lo que no existe

El aspecto del señor es de lo más normal. Va vestido como todos los abuelos de su edad. Pantalones de pana y una camisa raída. Todos los domingos lo vemos darle de comer a las palomas. Lo extraño es que no lleva ninguna barra de pan. Sus manos reparten migas, pero son migas invisibles. Sin embargo, las palomas acuden a él.

Se sienta siempre en el mismo banco. Saca una barra de pan que nadie puede ver y la va partiendo en migajas. ¡Y las palomas se pelean por esas migas inexistentes!

¿Realidad o ficción?

REALIDAD

Esta mañana he venido paseando sola y he vuelto a ver al señor. Me he decidido a acercarme a hablar con él.

—Perdone, señor, pero ¿por qué reparte usted migas invisibles?

El anciano se echa a reír.

—Ay, seguro que parece que estoy loco.

Y se queda pensativo.

—La verdad es que a veces me siento muy solo. Y me gusta que al menos se me acerquen las palomas. Pero no siempre tengo dinero para comprarles pan.

El señor vuelve a hacer el gesto de arrojar migas y las palomas se acercan de nuevo.

—Ya, pero ¿por qué vienen?

—¿No te pasa que cuando ves la foto de un helado se te hace la boca agua aunque allí no haya ningún helado de verdad? Pues a las palomas les pasa lo mismo. Están tan acostumbradas a que después de estos gestos haya migas que el simple hecho de realizarlos les hace venir a ver.

El anciano solitario me da mucho que pensar. En mi casa muchas veces sobra pan y lo tiran a la basura... No volveré a dejar que eso suceda. Se lo traeré al señor de las palomas.

Así que un día le preguntamos al vendedor de algodón dulce.

—No le parece extraño que las palomas bajen para comer... ¿nada?

—Yo ahí no veo ninguna paloma, chavales. Tan solo un señor que se cree que reparte migas. Pero no tiene pan, así que tampoco hay palomas.

Nos quedamos pensativos. Si el vendedor no ve las palomas, quizá tampoco existan. Es de lo más misterioso.

Para asegurarnos, le preguntamos a la mujer que lee las cartas.

—Chicos, en ese banco no hay ningún señor sentado ni tampoco palomas. ¿Me estáis tomando el pelo?

Nos vamos de allí un poco deprimidos.

—A lo mejor nosotros tampoco existimos —dice uno de los compañeros de juegos.

Aún no ha acabado de decirlo cuando el viento se lleva sus palabras. Y, con ellas, su gorra, su sombra y todo lo que era.

Los demás nos miramos. No nos sorprende demasiado: siempre tuvimos la sensación de que nuestra vida en ese parque no podía durar para siempre.

Después de leer

¿Cuál de los dos finales posibles de esta historia te ha gustado más? Explica por qué.

¿Qué añadirías o qué quitarías tú en estas historias?

¡Ahora tú!

Después de leer la historia de ficción, imagina quién es el personaje que la cuenta, descríbelo y explica lo que le sucede.

Inventa una historia ambientada en un parque. Ten en cuenta lo siguiente:

- Escríbela en primera persona, desde el punto de vista de una hoja en otoño, de un árbol o de un animal que viva en él.
- Puedes describir una situación real, aunque el personaje sea imaginario, o una situación de fantasía.
- Elige bien cada elemento de tu relato antes de empezar a escribir.

La buena suerte

He estado investigando acerca de las semillas de dientes de león. Me habían dicho que soplar sobre una de ellas puede hacer que se cumpla un deseo. Creo que es algo que mucha gente repite. Pero, claro, he estado haciendo pruebas y no siempre funciona. Solo una vez de cada muchas los deseos se cumplen de verdad. Y tienen que ser deseos relativamente facilitos.

¿Realidad o ficción?

REALIDAD

He estado pensando mucho sobre esto de los deseos. Le he preguntado a la gente más lista que conozco. He recordado todas esas cosas que me moría de ganas por tener y de las que luego me he olvidado. Y he llegado a la conclusión de que lo importante no es que los deseos se cumplan. Cuando se cumplen, ya se ha acabado el paseo y hay que empezar de nuevo. No, lo importante es la ilusión de la gente al formularlos y mantener esos deseos hasta que se convierten en algo más grande.

Y me he dado cuenta de que mi deseo es hacer que todo el mundo sienta esas ganas de que le pasen cosas nuevas. Y he tenido una idea muy buena: esparcir semillas de deseos por todas partes. Cuando paseo por mi barrio las echo en descampados y arcenes sin que nadie se dé cuenta.

Pero... ¿existen las semillas de deseos? No exactamente, pero ya me entendéis. Si queréis hacer lo mismo que yo, buscad *Taraxacum officinale*, que es el nombre de la planta. Y así, cada día, más gente tendrá nuevas ilusiones.

Así que se me ha ocurrido fabricar una máquina para hacer que se cumplan los deseos. He pensado que, si soplar una sola esfera de semillas puede ayudar a que el deseo se haga realidad, hacer volar varias de ellas debería ser más eficiente.

De manera que he cogido un ventilador y he diseñado un soporte de cartón para ponerlo delante. En ese soporte caben hasta 16 semillas bien colocadas. Y, cuando se enciende el ventilador..., ¡zas! Todas las semillas salen volando a la vez.

Bueno, ya tengo la máquina. Todo funciona estupendamente: el ventilador da aire y he recogido las plantas. Ahora solo me queda pensar cuál es el deseo que quiero que se cumpla..., ¡y no es nada fácil escoger uno solo!

La parte científica que me permitirá hacer realidad un deseo ya está lista, pero ahora debo escoger muy bien con qué fines usarla. Tener poder implica responsabilidad. ¿Debería emplearla para un deseo egoísta o para hacerle un regalo a otra persona? ¿Sería más responsable tratar de solucionar un problema que afecte a mucha gente? ¿Tendré que inventar una máquina aún más gigantesca para solucionar todos los problemas del mundo?

¿Quién iba a decirme a mí que lo más difícil de inventar mi máquina de los deseos iba a ser... utilizarla?

Después de leer

¿Cuál de los dos finales posibles de esta historia te ha gustado más? Explica por qué.

¿Qué añadirías o qué quitarías tú en estas historias?

Explica con tus propias palabras las siguientes expresiones del texto:

- Lo importante no es que los deseos se cumplan. Cuando se cumplen, ya se ha acabado el paseo y hay que empezar de nuevo. Lo importante es la ilusión de la gente al formularlos y mantener esos deseos hasta que se convierten en algo más grande.
- ¿Quién iba a decirme a mí que lo más difícil de inventar mi máquina de los deseos iba a ser... utilizarla?

¡Ahora tú!

¿Qué deseos pedirías tú a las semillas? Construye un relato de menos de doscientas palabras que lo explique.

La Atlántida

La profesora mandó callar a la clase.

—Bienvenidos a este nuevo curso. Hoy me gustaría que me contarais lo que habéis hecho en vacaciones.

Alguien levantó la mano.

—¡Yo quiero contarlo, profe! Este verano he estado en la Atlántida.

¿Realidad o ficción?

REALIDAD

Laura contó sus aventuras a toda la clase. Dijo que había visto pulpos de colores y arrecifes de coral. Que bajo el mar había una ciudad secreta, con grandes rascacielos de cristal. Los parques tenían algas en lugar de árboles y los peces nadaban libremente igual que los pájaros vuelan sobre nuestro cielo.

Lo contó tan bien que toda la clase se quedó boquiabierta.

—Pero, Laura, se supone que tenéis que contar dónde habéis estado de verdad.

—¡Es que he estado ahí! He estado sumergida completamente en ese mundo durante muchísimas horas. Y las cosas eran tan reales que sentía que podía sentirlas y tocarlas.

La profesora sonrió.

—A ver, enséñanos ese libro.

Laura sacó de su cartera la novela de aventuras submarinas que tanto la había cautivado y se la enseñó a toda la clase.

—Tienes razón, Laura —estuvo de acuerdo la profesora—. La imaginación es algo que forma parte de la realidad.

—Se trata de un nuevo parque de atracciones —explicó Laura—. La mitad está construido sobre la tierra, ¡y la otra mitad bajo el mar! Y tienen el *escape room* submarino más grande de Europa.

—¡He oído hablar de ese sitio! —exclamó Sabela—. ¡Qué suerte tienes de haber ido ya!

—El parque es increíble, pero lo mejor fue lo que ocurrió tras ser mi familia la más rápida en resolver todas las pruebas del *escape room*. Eran de matemáticas, de conocimientos sobre animales...

—¿Ganasteis un trofeo?

—Aún más increíble. Vino a hablar con nosotros un chico muy pálido. Nos dijo que de verdad existía una ciudad submarina cerca de aquel parque y que estaban buscando a gente como nosotros para que fueran sus habitantes.

—¡Anda ya! —dijo Guillermo—. ¡Eso sí que no me lo creo!

—Pues deberías. Yo ahora mismo no estoy aquí, sino en mi nuevo colegio, en la Atlántida. Os hemos enviado este mensaje virtual para que os animéis a probar suerte en el *escape room* con vuestras familias.

Guillermo salió corriendo hacia Laura para demostrar que sí que estaba allí. Pero, al acercarse a ella, Laura se volvió transparente y Guillermo se cayó al suelo del susto.

—¡Si superáis las pruebas, aquí nos veremos! —se despidió Laura, mostrando su increíble clase submarina.

Y todos sus compañeros y compañeras se quedaron con la boca abierta.

Después de leer

¿Cuál de los dos finales posibles de esta historia te ha gustado más? Explica por qué.

¿Qué añadirías o qué quitarías tú en estas historias?

¡Ahora tú!

¿Qué crees que es lo mejor y qué es lo peor de vivir en una ciudad submarina? Explícalo con tus propias palabras.

¿Te irías a vivir con tu familia a una ciudad sumergida? ¿Por qué lo piensas?

El jersey hecho a mano

Cuando abrió el envoltorio de regalo y vio el jersey, a Sergio le pareció horrible. No un poco horrible, sino horrible de verdad. Se dio un susto de esos que hacen que se te note en la cara lo poco que te gusta un regalo.

—¿Graaaciaaas?

Consiguió pronunciar la palabra, pero sonó más bien como una pregunta.

—¡Es un jersey precioso, tía Alondra! Se lo va a poner muchas veces este invierno —le dijo su madre a la tía que había hecho el regalo.

«Sí, seguro», pensó Sergio.

—Lo he tejido con mis propias manos —dijo la tía Alondra, a quien Sergio había visto muy pocas veces en su vida—. Incluso he cardado la lana. Casi toda es de oveja.

«¿Casi toda?», pensó Sergio, inquieto. ¿De qué otra cosa podría ser?

—Pruébatelo, a ver cómo te queda —le dijo su madre.

—No, mejor que se lo pruebe con calma más tarde —dijo la tía.

Y en ese momento le cayó bien.

¿Realidad o ficción?

REALIDAD

Cuando estuvo a solas en su cuarto, Sergio se quedó mirando el jersey. No pensaba probárselo de ninguna manera. Seguro que picaba como si estuviera tejido con zarzamoras.

Pero entonces se dio cuenta de algo. El dibujo del jersey era extravagante, pero tenía una lógica. Era como si las cenefas formaran... letras. Unas letras peculiares, pero que podían leerse si uno se empeñaba.

Cogió un lápiz y un papel y se dispuso a descifrar el mensaje tejido. Tardó una hora entera en conseguir el siguiente mensaje:

«Mira detrás del rodapié del tercer escalón».

A Sergio le entró un escalofrío. ¿Era aquello una especie de broma o en realidad encontraría algo en el lugar que el jersey indicaba? Sentía que estaba al principio de una gran aventura.

FICCIÓN

Al terminar la fiesta, a Sergio se le ocurrió una idea brillante: si el jersey no le cabía, tendría la excusa perfecta para devolverlo. Así que se lo probó con la esperanza de que así fuera.

Pero, en cuanto metió la cabeza por el agujero del cuello y la sacó por el otro lado..., ¡se encontró en un mundo diferente! Ya no estaba en su cuarto, sino en un lugar con valles de pelusa y montañas de fieltro.

Asustado, se quitó el jersey y volvió a estar en su cuarto. Justo entonces llegó su madre.

—No hace falta que te lo pongas, de verdad.

A Sergio le daba vueltas la cabeza. Ese jersey era la puerta a un mundo mágico... Seguro que existía un motivo por el cual le habían regalado esa prenda precisamente a él. ¿Se atrevería a aceptar aquel reto?

—Creo..., creo que al final me gusta.

Después de leer

¿Cuál de los dos finales posibles de esta historia te ha gustado más? Explica por qué.

¿Qué añadirías o qué quitarías tú en estas historias?

¡Ahora tú!

Termina los dos relatos añadiendo detalles:

- En la historia real explica qué encuentra Sergio detrás del rodapié del tercer escalón.
- En la historia de ficción, cómo explora Sergio el mundo que se oculta en su nuevo jersey y qué encuentra allí.

Ochenta y nueve fantasmas

El bloque en el que vivo es muy antiguo. Es de esos con pasillos oscuros y esquinas extrañas, con escaleras desgastadas que crujen al pisarlas. A veces se oyen ruidos que no se sabe de dónde salen. Mi abuelo siempre dice que son «las cañerías viejas».

Nunca me había parado a pensar en cuántos años tiene nuestro bloque hasta que vinieron a instalar una placa. «Este edificio se construyó en 1726».

Me entró el vértigo. Si allí lleva viviendo gente cuatro siglos, ¿cuántas personas habrán muerto en él? Le pedí a la profesora de Matemáticas que calculáramos en clase las probabilidades y el resultado fue... ochenta y nueve fantasmas.

¿Realidad o ficción?

REALIDAD

Esa noche tuve una pesadilla. Soñé que se me aparecían los ochenta y nueve fantasmas, con ropas de todas las épocas. Unos eran niños, otros jóvenes que ya parecían ancianos y otros viejísimos (y además muertos). Alargaban hacia mí sus largos brazos vaporosos. Me desperté sobresaltada.

¿Y si realmente estamos rodeados de fantasmas? Suponiendo que fuera verdad que los fantasmas se quedan allí donde murieron, en las ciudades habría una gran cantidad de ellos. Sobre todo en los hospitales.

Al darme cuenta me tapé la boca con la mano para no gritar. ¡Mi madre trabaja en un hospital! ¿Y si la atacaban todos esos muertos? ¿Y si ella tenía ese tipo de pesadillas todos los días?

Al día siguiente, la vi muy cansada. Le había tocado guardia en urgencias toda la noche.

—Mamá, tú tienes... ¿A veces tienes pesadillas?

—Nunca jamás, peque —sonrió—. Mis sueños siempre son muy bonitos y tú sueles estar en ellos.

Se notaba que decía la verdad. Entonces me di cuenta: los fantasmas nunca querrían hacer daño a mi madre, que cura a tanta gente. Ellos, mejor que nadie, tienen que saber lo valiosa que es la vida.

FICCIÓN

Cuando le hablé de esto a la portera, que nació en el edificio y lleva viviendo allí toda su vida, me dijo:

—Es un cálculo bastante bueno, pero en realidad los fantasmas no son ochenta y nueve, sino ciento tres. Y eso sin contar los perros.

Y entonces me contó que ella se cayó por el hueco del ascensor cuando era adolescente y que desde entonces es capaz de ver a los fantasmas.

—La mayor parte van a lo suyo. Pero algunos, a veces, me saludan. Creo que me agradecen que cuide de este lugar. Cuando lo derriben... tendrán que buscarse otro sitio.

—¿Qué quieres decir?

—Los fantasmas solo pueden permanecer como tales en el lugar donde murieron. Y quién sabe qué destinos les esperan a muchos de ellos... Aquí, por lo menos, están tranquilos.

Desde ese momento, cada vez que veo una grieta o un desconchón, aviso enseguida a la portera y lo reparamos juntas. Se me da estupendamente. Y, a veces, les dejo huesos a los perros fantasma. Desaparecen enseguida.

Después de leer

¿Cuál de los dos finales posibles de esta historia te ha gustado más? Explica por qué.

¿Qué añadirías o qué quitarías tú en estas historias?

¡Ahora tú!

Imagina el encuentro de la protagonista con alguno de los fantasmas que habitan el edificio en el que vive. Explica lo siguiente en tu relato:

- De quién es el fantasma y en qué época vivió.
- Cómo murió.
- Si necesita ayuda por alguna razón.
- Qué ocurre después.

CLUB de Lectura

Piensa en los textos que has leído y completa estas expresiones:

Qué personaje te ha parecido...

- Más tierno.
- Más disparatado.
- Más siniestro.
- Más divertido.

Qué situación te ha parecido...

- Más increíble.
- Más creíble.
- Más enloquecida.
- Más inesperada.

Imagina que trabajas haciendo críticas literarias y que Sofía Rhei te pide que escribas un prólogo para este libro. Prepáralo del siguiente modo:

1. Infórmate del contenido que suelen tener los prólogos de los libros.
2. Busca más información sobre la vida y la obra de Sofía Rhei.
3. Escribe un texto breve de introducción a estos relatos explicando, sin adelantar detalles, cómo son los textos, qué estructura tienen, qué te parece el estilo...

Imagina que vas a entrevistar a la ilustradora Verónica Grech sobre su trabajo en estos textos. Inventa las preguntas que le harías.

Formad grupos de dos o tres personas y haced versiones de las ilustraciones de los diferentes capítulos. Para ello, proceded del siguiente modo:

1. Elegid un capítulo por grupo.
2. Calcad en papel la distribución de los elementos de cada doble página (el texto, el hueco para la ilustración, el hueco de las actividades...).
3. Haced un boceto de una ilustración intentando que sea muy diferente de las que aparecen en el libro.
4. Acabad los dibujos utilizando las técnicas plásticas que prefiráis.
5. Fotocopiad el texto y colocadlo en su lugar, para montar las páginas completas.
6. Haced una exposición con todas las propuestas gráficas y comparad los resultados con las ilustraciones que aparecen en el libro.

Enigmas a diestro y siniestro

AXIER UZKUDUN

ENRIQUE FLORES

ÍNDICE

Axier Uzkudun

Nací en Bilbao. Luego, estudié Publicidad, Diseño e Ilustración en Madrid.

He creado cómics y también he ilustrado álbumes para pequeños lectores.

Como soy un lector voraz (igual que el tiranosaurio rex), suelo publicar reseñas sobre novelas gráficas, cómics y álbumes ilustrados en diferentes revistas.

¿A qué sabe una nube? es mi primer libro, escrito e ilustrado por mí.

Enrique Flores

Hola. Soy Enrique Flores. Dibujo desde antes de aprender a andar. Trabajé en cosas que no terminaron de gustarme hasta que, hace casi treinta años, decidí intentar vivir de mis garabatos. Desde entonces he ilustrado más de doscientos libros, he hecho exposiciones, he impartido cursos y he rellenado miles de cuadernos con mis dibujos. Creo que aquella decisión de dedicarme a la ilustración fue lo mejor que pude hacer. Ahora, espero que disfrutes con estas lecturas.

Antes de leer

¿Conoces alguna de las historias que se anuncian en este índice?

¿Te parecen interesantes los temas?

¿Cuál de ellos crees que te gustará más? ¿Por qué lo piensas?

Después de leer

¿Qué información interesante has descubierto?

¿Te gustaría seguir investigando alguno de los enigmas sobre los que has leído? ¿Cuál de ellos? ¿Por qué lo elegirías?

El manuscrito Voynich, más raro que un perro verde

Hola, me llamo Axier y soy un investigador de rarezas. Estoy aquí para hablarte de mis indagaciones.

Uno de mis objetos favoritos se encuentra en el Departamento de Libros Raros de la Universidad de Yale. Se trata del libro ilustrado más sorprendente de la historia. Fue escrito en tiempos de Maricastaña en un idioma desconocido utilizando un alfabeto también desconocido.

Este libro es el manuscrito Voynich y ha hecho correr ríos de tinta (nunca mejor dicho). Recibió ese nombre por el anticuario de libros Wilfrid Michael Voynich, que lo compró en 1912. Aunque, antes de eso, ya se tenían noticias de él: en el siglo XVI, se sabe que fue pasando por las manos de diversos personajes interesados en magia y ocultismo y, luego, desapareció.

Muchos especialistas en criptografía y otras disciplinas han intentado descifrar su contenido, pero no hay tu tía. Por esta razón, hay quien piensa que el manuscrito Voynich es uno de los mayores engaños de la historia. Lo que sí está probado es su antigüedad, porque los análisis de laboratorio han demostrado que el pergamino y las tintas utilizadas en su elaboración datan del siglo XV.

La belleza de las páginas de este manuscrito es sorprendente. Sus ilustraciones son muy elaboradas, pero no corresponden a elementos conocidos y no arrojan luz sobre su contenido.

El texto es también asombroso. Parece escrito por un zurdo, las letras son regulares y están realizadas con trazo seguro y, además, no hay ni un solo error o tachón en todo el volumen, cosa muy extraña en un manuscrito. En definitiva, el libro es un auténtico galimatías.

Basándose en las imágenes y la estructura de las páginas, parece que el libro tiene seis partes:

1. *Herbario*, en el que aparecen plantas que no son reales y textos con el formato típico de los herbarios europeos de la época.
2. *Astronómica*, donde se recogen diagramas circulares, soles, lunas y estrellas y algunas referencias a las constelaciones del Zodiaco.
3. *Biológica*, con texto largo y continuo y pequeñas figuras humanas.
4. *Cosmológica*, donde se pueden ver diagramas circulares de contenido desconocido, mapas y otros elementos geográficos.
5. *Farmacéutica*, epígrafe que muestra partes de plantas no identificadas y leyendas explicativas.
6. *Recetas*, formada por párrafos cortos organizados en viñetas como si contuvieran fórmulas para la elaboración de productos.

En la actualidad, un académico llamado Gerard Cheshire asegura que ha descifrado el códice, pero parece ser que se trata de un farol.

Después de leer

Busca cinco expresiones coloquiales y frases hechas en el texto y explica su significado.

¿Cuál de las siguientes definiciones de *criptógrafo* o *criptógrafa* te parece más correcta? Explica por qué.

- Persona que se dedica al estudio de la criptografía.
- Persona que puede escribir y descifrar mensajes que han sido creados con una clave secreta.
- Persona que adivina claves secretas.

¡Ahora tú!

Y tú, ¿qué opinas del manuscrito Voynich? ¿Por qué crees que nadie ha logrado descifrarlo?

Imagina una explicación para el manuscrito Voynich. Haz una lista con tus argumentos y cuéntalos en tu clase.

Por grupos, cread páginas de un manuscrito misterioso. Para ello, inventad imágenes, decoraciones y signos que representen palabras.

El monstruo del lago Ness, unos decían que sí y otros decían que no

Los habitantes de una pequeña ciudad escocesa llamada Inverness sacan pecho porque tienen su propio monstruo, al que llaman Nessie y vive en el cercano lago Ness. Aunque para sus habitantes es un hecho que Nessie vive apaciblemente en el lago, según estudios científicos el asunto no está nada claro.

La primera noticia que se tiene de Nessie es más vieja que la tos, data del año 565, cuando supuestamente un misionero irlandés declaró que había tenido un encuentro con este animal.

Hace más o menos 100 años empezó a aumentar el interés por este misterio cuando de nuevo algunas personas declararon haber visto al monstruo del lago Ness.

El más famoso de todos los avistamientos se produjo en abril de 1934, cuando un hombre dijo haber sacado una foto de Nessie. En la famosa foto, que dio la vuelta al mundo, se observa lo que parece un gigante animal de cuello largo con el cuerpo sumergido bajo el agua. Pero ¿en esa foto aparece el monstruo de verdad? Pues yo no pondría la mano en el fuego.

Fue a partir de ese momento cuando todo el mundo empezó a reconocer a Nessie con cuello largo y estrecho, cuerpo ancho y cola robusta y corta, además de cuatro extremidades convertidas en grandes aletas. Entonces se extendió la teoría de que Nessie, en realidad, era un plesiosaurio, un reptil acuático que vivió en tiempo de los dinosaurios, hace la tira de años.

Pero ¿cómo un animal del Jurásico puede seguir vivo después de tanto tiempo? ¿Está solo o tiene familia? ¿Cuánta comida necesita diariamente un animal de ese tamaño? Hay opiniones para todos los gustos, pero la comunidad científica no se pone de acuerdo.

¿Y cómo es ese lago en el que supuestamente vive Nessie? Se encuentra al norte de Escocia, en las Tierras Altas. Es el segundo lago más extenso del país con más de 56 km de largo, pero es el primero en volumen de agua dulce debido a su gran profundidad, alrededor de 230 metros. El lago Ness tiene más agua que todos los lagos de Inglaterra y Gales juntos.

En Inverness, Nessie aparece representado por todas partes: en carteles de cafés y restaurantes, en tiendas, en esculturas... Lo encuentras hasta en la sopa. Turistas del mundo entero viajan hasta allí para ver si tienen la suerte de ver al misterioso y escurridizo Nessie y hacerse un selfie con él o con ella, porque este es otro misterio que tampoco está resuelto.

Después de leer

Busca cinco expresiones coloquiales y frases hechas en el texto y explica su significado.

Explica el título de esta lectura.

Revisa la lectura y formula preguntas sobre Nessi relacionadas con el lugar en el que se suele refugiar, su alimentación, los ejemplares de su misma especie que viven cerca de él...

Haz una lista con argumentos a favor y argumentos en contra de la existencia de Nessi.

¡Ahora tú!

Formad grupos de tres o cuatro personas. Imaginad que tenéis que escribir dos noticias sobre Nessi: una para una revista científica y la otra para un periódico sensacionalista. Pensad bien el tono de los titulares y del texto en cada caso. Luego, leed colectivamente las noticias de los grupos y comentad las diferencias.

Crómlechs y otros monumentos para quedarse de piedra

Ya que estamos en Escocia, deja que te cuente que en este país –sobre todo en sus islas– se han encontrado decenas de crómlechs o anillos de piedra. ¿Has visitado alguno de estos monumentos megalíticos? Los monumentos megalíticos son estructuras prehistóricas formadas por grandes piedras sin labrar, se encuentran al aire libre y tienen más años que Matusalén.

La característica principal de los crómlechs es que la disposición de las piedras levantadas es circular, de ahí el nombre de «anillos de piedra», que le viene como anillo al dedo (y nunca mejor dicho). Uno de los más famosos y estudiados se encuentra en Inglaterra y se llama Stonehenge. Se construyó hace miles de años y está formado por dólmenes y por menhires.

Algunas de las piedras para construir Stonehenge son más altas que una jirafa y más pesadas que un elefante africano. ¿Cómo pudieron, entonces, trasladar y levantar piedras tan pesadas? Es un misterio al que aún dan vueltas diferentes especialistas.

Lo que tampoco se sabe con claridad es el propósito por el que los humanos de aquella época erigieron estos imponentes monumentos. Varias son las hipótesis, según algunos estudios: pudieron ser sitios de culto y celebración; tal vez, monumentos funerarios donde enterrar a sus muertos; incluso se piensa en posibles observatorios astronómicos.

En Stonehenge, por ejemplo, se han encontrado enterramientos humanos, lo que lleva a pensar que estos crómlechs pudieron ser usados en ceremonias para honrar a los muertos. Pero ¿a quién se enterró allí? Dado el escaso número de restos encontrados, se cree que las personas allí enterradas debían tener cierta relevancia dentro del sistema social de la época.

En cuanto a la hipótesis del observatorio astronómico, parece que de alguna manera existe una relación entre este tipo de monumentos y las alineaciones estelares y astronómicas que se dan cada año: solsticio de verano, solsticio de invierno, eclipses lunares y solares... Sin embargo, estudios científicos ponen en duda que las civilizaciones de la época tuvieran un conocimiento tan amplio del cosmos y pudieran hacer cálculos tan precisos como para levantar este tipo de monumentos siguiendo la alineación de los astros. Pero, a lo mejor, eran más listos de lo que nosotros nos creemos.

No solo en Gran Bretaña se han encontrado este tipo de monumentos, también los hay en Francia, Portugal y España. Hasta en África hay lugares donde se han hallado crómlechs. Parece que hay más monumentos de este tipo que estrellas en el cielo. ¡Una barbaridad!

Después de leer

Busca cinco expresiones coloquiales y frases hechas en el texto y explica su significado.

Busca en el diccionario las siguientes definiciones de términos del texto y cópialas: *dolmen*, *menhir*, *funerario*, *astronómico*, *solsticio*, *eclipse*, *estelar*, *cosmos*. ¿Son las definiciones que has encontrado similares a los significados que tú imaginabas?

¡Ahora tú!

Formad grupos de tres o cuatro personas y preparad breves estudios sobre diferentes monumentos megalíticos. Proceded del siguiente modo:

1. Elegid un monumento cada grupo.
2. Confeccionad un mapa con su localización.
3. Haced la descripción de los elementos que lo componen.
4. Buscad fotografías.
5. Explicad la interpretación que los investigadores dan al monumento.
6. Encuadernad todos los estudios formando un libro.

Los gigantes que te dejan de una pieza en Rapa Nui

Hablando de islas y piedras enormes, ¿conoces las famosas estatuas de la Isla de Pascua? Peguemos el salto a esta isla, también llamada Rapa Nui –«isla grande» en idioma rapanui–, que se encuentra en medio del océano Pacífico, el océano más grande de la Tierra.

De hecho, esta isla es uno de los lugares más aislados del mundo; es decir, está en el quinto pino porque la distancia desde ella a cualquier otro lugar habitado es de más de 2.000 kilómetros de pura agua.

Algunos de los enigmas a los que los investigadores llevan tiempo dando vueltas son: ¿cómo llegaron a la Isla de Pascua los primeros pobladores? ¿Y de dónde vinieron? ¿Qué los impulsó a echarse al mar?

La isla es bastante canija, solo tiene 24 km de largo y unos 12 km en la parte más ancha (para que te hagas una idea, tiene una extensión algo mayor que la ciudad de Sevilla). Por eso, sorprende que en ella haya cerca de un millar de moáis, unas esculturas bastante raras que solo se encuentran en esa isla.

Tienen un tamaño gigantesco y casi todas están talladas en toba, una piedra volcánica, y en una sola pieza. Es normal que los antiguos artistas utilizaran esta piedra porque la Isla de Pascua es una isla volcánica, con tres grandes volcanes. Pero que no cunda el pánico, porque los volcanes de Rapa Nui llevan miles de años inactivos. La mayoría de las piedras que se utilizaron para tallar moáis fueron extraídas de las laderas del volcán Rano Raraku. Más de 400 figuras siguen en sus laderas: muchas tumbadas y otras en pie; las hay grandes y pequeñas; sin acabar o muy adornadas... Vamos, que podría parecer que hay más estatuas en la isla que habitantes.

Los moáis tienen una altura de entre 2 y 15 metros; es decir, algunas son más altas que dos jirafas haciendo equilibrios una sobre otra. Y, de nuevo, se nos plantea la incógnita de cómo una civilización tan aislada pudo esculpir, transportar y poner en pie estos enormes bloques de piedra (entre los años 500 y 1600 d. C.).

Salvo pocas excepciones, todos los moáis se encuentran junto a la costa, sobre plataformas ceremoniales de piedras llamadas *ahu*. La mayoría de los moáis están colocados en línea recta, en paralelo a la costa y dando la espalda al mar. ¿Por qué los ponían así? Pues tampoco se sabe. Y solo se conoce un *ahu* en el que los gigantes de piedra miran al mar. ¡A saber qué significa!

No hay duda, la Isla de Pascua y sus famosos moáis encierran todavía hoy muchos misterios que la comunidad científica intenta desentrañar. Pero no parece que lo vayan a conseguir de hoy para mañana.

Después de leer

Busca cinco expresiones coloquiales y frases hechas en el texto y explica su significado.

¿Cuáles son las características más destacadas de los moáis? Elabora una ficha con los siguientes datos:

- Qué representan.
- De qué están hechos.
- Qué tamaño tienen.
- Dónde se encuentran.
- En qué posiciones.

Busca fotografías de moáis o haz dibujos para acompañar la ficha.

¡Ahora tú!

Preparad una exposición con diferentes interpretaciones plásticas de moáis. Podéis hacer dibujos, montajes con fotocopias coloreadas, reproducciones tridimensionales...

Los guerreros de Xi'An, un ejército de armas tomar

Ahora, vamos a visitar uno de los países más increíbles del mundo: China. Con más de 1.400 miles de millones de habitantes, es el cuarto país más grande del mundo.

Su primer emperador fue Qin Shi Huang, pero este no era su nombre real, se lo cambió al convertirse en emperador. Durante su mandato ordenó construir un gigantesco mausoleo donde se le enterraría a su muerte. Quiso que su tumba estuviera dentro de una pirámide. ¿Una pirámide en China? Pues así es, una pirámide oculta bajo tierra y vegetación, pero bien localizada cerca de la ciudad de Xi'An. Sus secretos siguen hoy en día enterrados allí porque, por razones que ahora veremos, no se ha querido aún acceder a su interior.

Para proteger su tumba de posibles ladrones, al emperador se le ocurrió la brillante idea de construir un ejército de temibles guerreros en arcilla endurecida. Los guerreros estuvieron durante siglos y siglos enterrados, hasta que en el año 1974 despertaron. Unos campesinos que araban sus tierras se dieron de bruces con el primero de ellos y lo notificaron a las autoridades. Después, se han descubierto guerreros a mansalva, casi ocho mil más. Hay estatuas de soldados a pie, a caballo, arqueros... Se han hallado incluso carruajes y hasta acróbatas.

Las esculturas fueron realizadas a tamaño real, portaban armas y estaban colocadas en trincheras alrededor de la pirámide, y parece ser que tenían la misión de espantar a todo aquel que tuviera intención de acercarse.

Originalmente, los guerreros estaban pintados de colores vivos y brillantes, y así se ven cuando se desentierran. Pero, al entrar en contacto con el aire, la pintura desaparece en menos que canta un gallo y solo queda el color de la arcilla. Ahora se investigan técnicas que permitan desenterrar este inmenso ejército preservando el color de sus ropas y sus rostros, para que podamos disfrutarlos tal y como se fabricaron. Esta es la razón por la que se ha decidido no entrar aún en la tumba, para no estropear lo que pueda haber en su interior. ¡Más vale tarde que nunca!

Puede parecer que los artesanos que trabajaron en el ejército de terracota hicieron los guerreros como churros, pero, nada más lejos de la realidad, porque cada guerrero tiene un rostro diferente al de los demás, no hay dos iguales. Van todos de punta en blanco: los hay con y sin barba, con bigote, con distintos peinados, algunos son oficiales, otros simples soldados, unos jóvenes y otros adultos. La fabricación de todas estas figuras debió de llevar mucho trabajo y tiempo a los artesanos.

Algunos de los guerreros encontrados estaban enterrados a un kilómetro de distancia de la tumba del emperador. Y es que este increíble sepulcro es casi tan grande como veinte campos de fútbol. ¡Ver para creer!

Después de leer

Busca cinco expresiones coloquiales y frases hechas en el texto y explica su significado.

¡Ahora tú!

Busca información sobre los cinco países más grandes y más poblados del mundo y anota los siguientes datos de cada uno de ellos:

- En qué continente se encuentra cada uno.
- Extensión.
- Número de habitantes.
- Densidad de población.

Busca información sobre diferentes monumentos y lugares emblemáticos de China. Elabora un texto en el que expliques en qué consisten y un mapa para indicar dónde se encuentran.

Esferas y tinajas para dar y regalar

¿Te imaginas ir paseando por el campo o el bosque y encontrar cientos de tinajas o «canicas» gigantes? Pues te quedarías con la boca abierta, como le pasaría a cualquiera. Pero no es tan fácil que te tropieces con ellos así como así, porque eso solo te podría pasar si estuvieras en uno de estos dos países: Costa Rica o Laos.

Como por algún sitio hay que empezar, vayamos primero al sur de Costa Rica, donde se hallan las monumentales esferas del río Diquís. Se trata de bolas gigantes de piedra descubiertas por primera vez en 1939. Allí hay de todo, como en botica, y podrías encontrar esferas de distintos materiales y tamaños.

Se han descubierto esferas pequeñas de solo siete centímetros de diámetro y otras enormes de más de dos metros y hasta dieciséis toneladas de peso. Casi lo que pesan tres elefantes juntos.

Los indígenas que fabricaron estas esferas de piedra, miles de años atrás, trasladaban grandes bloques de piedra que luego tallaban con herramientas de piedra y pulían con cuero y otros materiales. Seguro que para confeccionarlas tenían que trabajar de sol a sol.

Pero ¿para qué crees que tallaron estas esferas? La tesis más extendida es que servían para señalar dónde vivía alguien importante. Pero hay estudios que se inclinan más por fines astronómicos e incluso artísticos.

De lo que no hay duda es de que la mayoría de las más de trescientas esferas encontradas son casi perfectas. ¡Eran unos hachas del cálculo!

Si damos el salto a Laos, país situado en el Sudeste Asiático, por debajo de China, descubriremos algo todavía más increíble: gigantescas tinajas de piedra. ¿Sabes lo que es una tinaja? En esta ocasión, no se trata de redondear una piedra, sino de darle una forma específica y ahuecarla para introducir algo dentro.

Al igual que las esferas de Costa Rica, estas tinajas se fabricaron hace muchos muchos años, cuando reinaba Carolo. Algunas miden solo un metro de altura, pero otras alcanzan los tres metros, es decir, son más altas que el techo de tu habitación.

La comunidad científica ha revuelto Roma con Santiago para descubrir si fueron utilizadas como urnas funerarias o como depósitos para almacenar comida; también es posible que estuvieran colocadas a lo largo de una ruta de tránsito de personas a las que la comida les vendría bien al pasar por ahí. En todo caso, es como buscar una aguja en un pajar.

Por cierto, junto a las tinajas, también se han hallado muchos discos de piedra que bien podrían ser las tapas. ¿Cuánto pesará cada una de esas tapas? ¿Podría una sola persona moverla? Queda mucho que investigar y habrá que hilar muy fino si queremos responder tantas preguntas.

Después de leer

Busca cinco expresiones coloquiales y frases hechas en el texto y explica su significado.

¿Cuál de estos esquemas representa una tinaja de tres metros de alto? ¿Cómo has llegado a esa conclusión?

Ciudades perdidas, mucho ruido y pocas nueces

Si hablamos de ciudades perdidas, enseguida nos viene a la cabeza la Atlántida, la ciudad más misteriosa de la historia de la humanidad. Pero ¿existió realmente o es solo una leyenda?

El filósofo Platón, que vivió en la Grecia clásica, fue el primero en dar noticias de la existencia de la enigmática ciudad. Muchos investigadores piensan que fue una invención del propio Platón y que la historia de la Atlántida no tiene ni pies ni cabeza. Otros muchos, sin embargo, creen a pies juntillas su relato y que la Atlántida fue una ciudad real.

Según Platón, la Atlántida era una isla situada en algún punto del océano Atlántico –otros autores la sitúan junto a la isla griega de Santorini, en el mar Mediterráneo–. El primer rey de la Atlántida fue Atlas y de ahí procede el nombre de la ciudad y el del propio océano.

La ciudad fue construida en mitad de la isla, sobre una pequeña montaña, y a su alrededor se crearon tres grandes anillos concéntricos que se rellenaron de agua para protegerla de posibles amenazas. A través de canales, se llegaría desde la ciudad al mar en barco.

Se cree que los atlantes (los habitantes de la Atlántida) tuvieron una economía próspera y fueron grandes conquistadores. Así que se les subieron los humos y emprendieron diversas campañas para apoderarse de los pueblos vecinos. Sin embargo, de la noche a la mañana, la ciudad desapareció a causa de una terrible tormenta que, según escribió Platón, la sumergió bajo el agua.

Durante años todo el mundo pensó que esta historia de la Atlántida era un mito, una leyenda, pero en los dos últimos siglos ha crecido el interés por esta ciudad perdida. ¿Existió? ¿Está verdaderamente sumergida? ¿Dónde se encuentra? ¡Vaya usted a saber!

Otro misterioso lugar que ha sido hallado bajo el mar se encuentra en Japón.

Japón es un país compuesto por muchas islas, casi 7.000, y, en una de ellas, llamada Yonaguni, unos buceadores, por pura chiripa, hallaron lo que parece una ciudad sumergida. Fue en 1982.

Bajo las aguas que rodean esta isla aparecieron rocas con formas perfectamente geométricas, también escalones y lo que parecían pasillos o callejones. Incluso figuras que parecían tortugas similares a algunas rocas encontradas en la superficie de la isla. Algunos especialistas en la materia creen que son los restos de una antigua ciudad y otros que se trata, simplemente, de formaciones geológicas. Así que, de momento, estamos a dos velas.

Si fue una ciudad de verdad, ¿qué ocurrió para que quedara sumergida bajo el mar? La teoría es que fue construida antes de alguna desglaciación que hizo aumentar el nivel del mar y sumergió esta misteriosa ciudad perdiéndola para siempre hasta su descubrimiento reciente. Yo te he contado esta historia, pero ni quito ni pongo rey. Tú decides.

Después de leer

Busca cinco expresiones coloquiales y frases hechas en el texto y explica su significado.

¡Ahora tú!

Organizad un debate por grupos sobre la existencia de la Atlántida. Un grupo debe defender la idea de que sí existió y el otro grupo la contraria. Para ello, tened en cuenta las siguientes reglas:

1. Buscad documentación sobre el tema (tanto a favor como en contra), de tal manera que tengáis argumentos para sostener vuestras ideas y rebatir las del otro grupo.
2. Preparad un listado de argumentos y documentos.
3. Elegid a uno o dos vocales, que serán los encargados de hablar en el debate.
4. Hablad por turnos, no interrumpid y utilizad un tono de voz adecuado.

Ciudades halladas como por arte de magia

A lo largo de la historia de la humanidad ha habido muchas ciudades perdidas, pero afortunadamente algunas han sido halladas y recuperadas. No perdamos el tiempo y vamos al grano.

En Perú, a finales del siglo XIX, se empieza ya a hablar de una ciudad inca en lo alto de unas montañas. Se trataba de la mundialmente conocida Machu Picchu. Esta maravilla de ciudad se encontraba cubierta por la vegetación y no fue hasta los años 1912-1915 que un historiador estadounidense reunió el dinero suficiente para dirigir un equipo que sacara a la luz esta impresionante ciudad. Sus investigaciones fueron viento en popa y lograron descubrir este magnífico lugar que se halla a casi dos mil quinientos metros de altura sobre el nivel del mar y fue construido en el siglo XV.

Si miras la foto de Machu Picchu, podrás observar el perfil de una cara en las montañas que la protegen.

En Italia, se han encontrado dos ciudades que quedaron sepultadas bajo las cenizas de una de las erupciones del monte Vesubio, uno de los volcanes más activos del mundo. Se trata de Herculano y Pompeya. Aunque parece ser que se localizaron en el siglo XVI, no fue hasta mediados del siglo XVIII que los especialistas se pusieron las pilas y comenzaron las excavaciones para desenterrarlas. Pompeya es ahora un sitio arqueológico por todo lo alto, de gran interés para la comunidad científica y en el que aún se siguen encontrando edificios y objetos de muchísimo valor.

La deslumbrante Petra fue fundada hace miles de años en lo que hoy es Jordania. Petra fue el ejemplo de ciudad próspera que cayó en el olvido hasta que fue redescubierta a principios del siglo XIX. Todo el mundo sabía de buena tinta que estaba allí, pero nadie la visitaba.

Algunos de los monumentos de Petra fueron labrados sobre las rocas rojas de un angosto valle. Todavía se conservan las imponentes fachadas de algunos grandes edificios que dejan boquiabierto a quien los contempla.

Uno de los accesos a la ciudad se encuentra en un angosto cañón que apenas tiene dos metros de ancho en algunos tramos. Los visitantes caminan por el estrecho pasillo y, de improviso, ¡zas! Petra surge ante sus ojos. ¡Menuda sorpresa!

Después de leer

Busca cinco expresiones coloquiales y frases hechas en el texto y explica su significado.

¡Ahora tú!

Formad grupos. Cada grupo elegirá una de las ciudades de las que habla el texto (u otra que os pueda interesar), buscará información sobre ella y preparará una lista de preguntas y respuestas. Luego, cada grupo dramatizará una situación en la que un periodista hace una entrevista a un investigador o investigadora que trabaja en la excavación.

CLUB de Lectura

Imagina que te dedicas a la investigación y tienes que elegir tres de los lugares misteriosos sobre los que has leído para dar una conferencia. Haz lo siguiente:

- Indica qué tres lugares elegirías.
- Explica por qué los has elegido.
- Enumera los datos que posees sobre esos lugares.
- Imagina qué datos necesitarías para completar tu conferencia.
- Busca imágenes y prepara una presentación.

Preparad un viaje colectivamente para visitar algunos de los misteriosos lugares sobre los que habéis leído en este bloque. Para ello, haced lo siguiente:

1. Dibujad un mapamundi grande en un papel de envolver; situad en él los diferentes lugares que se han presentado en este bloque y también el lugar en el que se encuentra el colegio.
2. Elegid entre todos tres de esos lugares y planificad un viaje para visitarlos. Tened en cuenta los siguientes aspectos:
   - Época del año más adecuada para realizar el viaje.
   - Calendario e itinerario.
   - Duración del viaje, medios de transporte y lugares exactos a los que debéis llegar.
   - Alojamientos que tenéis que buscar.
   - Información de los lugares que vais a visitar, entradas a monumentos o servicios de guías que necesitaréis.
   - Equipamiento...

Distribuid las tareas entre todos y, luego, poned en común los avances en la planificación del viaje. Dialogad para llegar a acuerdos en relación con el viaje.

También podéis preparar un viaje a un lugar imaginario.

La combinación fantasma

Javier Fonseca García-Donas ★ Marta Sevilla

ÍNDICE

Javier Fonseca García-Donas

Nací el siglo pasado en Madrid, aunque hubiera preferido nacer junto al mar. Soy escritor de más de veinte libros entre novelas, poemarios, álbumes ilustrados y libros divulgativos. Además, enseño a encontrar y contar historias a niños, jóvenes y adultos en la Escuela de Escritores, y colaboro con varias publicaciones y programas culturales donde comparto mis historias y comento libros que me gustan y que no. También coordino clubes de lectura juveniles y de adultos y cuento mis cuentos y los de otros allí donde haya un par de orejas con ganas de escuchar. Me sé dos canciones con la armónica y siempre estoy a punto de adoptar un gato.

Marta Sevilla

Nací en Valencia, muy cerquita del mar. Hace algunos años ya que vivo en Madrid con una perra pirata llamada Pipa. Me encantan las uvas, el sol en invierno y dibujar. Me dedico a ilustrar cuentos, algunos escritos por mí y otros escritos por otras personas. Trabajo en un estudio con mucha luz, en el que también hay muchas lámparas y flexos de colores. Además, organizo talleres de dibujo o de estampación, y hago ilustraciones para periódicos y revistas de diferentes países del mundo. Me encantan los libros, viejos y nuevos, y todo lo que tenga que ver con ellos.

Antes de leer

¿Has leído alguna vez una historia en verso?

¿Crees que te gustará? ¿Por qué lo piensas?

Después de leer los títulos de los capítulos, ¿de qué crees que tratará la historia?

Después de leer

¿Qué te ha parecido la historia?

¿Cuáles de las siguientes palabras la definen mejor?

inquietante — enternecedora
sorprendente — escalofriante
emocionante — increíble
dulce

¿Crees que se trata de una historia triste? Explica por qué.

Y, de pronto, un fantasma

De pequeña nunca vi
un monstruo bajo mi cama,
jamás me he encontrado un ovni
ni he creído en los fantasmas.

Pero de un tiempo a esta parte
la vida me trae sorpresas
y ocurren cosas que hacen
que me explote la cabeza,

que se me encoja la tripa,
que por alguna razón
sienta que bajo el jersey
se me arruga el corazón.

Todo esto tiene un comienzo
un día triste y oscuro
en que la vida nos dio
un golpe grande y muy duro.

Lloramos mucho ese día
y muchos más, y la abuela
cada martes en la iglesia
enciende a papá una vela

y antes de irse a dormir
reza en mi cama de noche
«para que nunca, mi niña,
tengas que coger un coche».

Mamá también está triste,
no deja de ver su foto,
«desde que no está papá
me noto el corazón roto».

Yo sigo llorando a veces,
sobre todo los domingos
cuando escucho por la radio
los programas deportivos.

Antes los oíamos juntos
sentados en la cocina.
Ahora mi radio está muda
y oigo la de la vecina.

Echo de menos su risa,
sus besos en el cogote.
Cuando los daba me hacía
cosquillas con el bigote.

Pero todo esto ha cambiado
desde ayer por la mañana
cuando al salir de la ducha
me encontré con un fantasma.

Era más alto que yo
y tenía forma humana
de figura transparente
y con textura muy blanda.

Lo sé porque lo toqué
al ir a coger mis gafas
y de la impresión que tuve
se me cayó la toalla.

Ya puedes imaginarte,
del susto, me quedé muda
al mirar aquel espectro.
¡Más estando yo desnuda!

Pero más fue la sorpresa
al ver que se convertía
poco a poco ese ectoplasma
en alguien que conocía.

Dejó de ser transparente
y, señalando hacia un bote,
me dijo: «Tapa el champú»
meneando su bigote.

¿Comprendes por qué te digo
que, por alguna razón,
siento que bajo el jersey
se me arruga el corazón?

No veo monstruos ni platillos
ni dromedarios hablar,
pero sí veo un fantasma:
el fantasma de papá.

Después de leer

¿Qué crees que quiere indicar la protagonista con las siguientes expresiones?

- Me explota la cabeza.
- Se me encoge la tripa.
- Se me arruga el corazón.
- Noto el corazón roto.

Explica con tus propias palabras qué es un ectoplasma.

¡Ahora tú!

Recuerda momentos en los que hayas sentido algunos de los siguientes estados de ánimo: alegría, sorpresa, nervios, enfado. Explica cómo te sentías utilizando expresiones o frases hechas. Puedes recordar algunas que conozcas o inventarlas.

Los números de papá

Una vez pasado el susto
vi que no era tontería:
que mi padre era un fantasma
y solo yo le veía.

Papá –perdón, su fantasma–
piensa a veces que está vivo
y se frustra si no puede
pasar páginas de un libro.

Y cuando tarareamos
el himno de las Bretonas
antes de irnos a entrenar
me sonríe y se emociona.

Las Bretonas es mi club
de fútbol, soy delantera.
Gracias a mis goles somos
en la liga las primeras.

El problema es que no habla.
Varias veces lo ha intentado
y solo le salen números
bastante desordenados.

Cada día por la mañana
a las nueve y veinticinco,
puntual como un reloj,
dice: «Nueve, veinticinco».

En los sábados añade
muy despacio y sin demora:
«Veinticuatro, cinco, diez»,
también a la misma hora.

Y por la noche me dice,
aunque no se lo he pedido,
un nuevo número, el seis,
susurrándome al oído.

Y yo me duermo tranquila
y mientras sueño recuerdo
sus pasteles favoritos,
nuestro escondite secreto,

las vacaciones en Denia,
los paseos por la Dehesa
o cómo le fascinaba
la mermelada de fresa.

Después de dar muchas vueltas
he pensado que mi padre,
con todo esto de los números,
quiere enviarme un mensaje.

¿Y qué me quiere decir?
¿Son cifras desordenadas
de un número de teléfono?
¿Acaso son coordenadas?

La verdad, no tengo idea,
pero ganas sí, de sobra,
para averiguar qué son.
¡Me pongo manos a la obra!

Después de leer

Haz una lista de las actividades que solían compartir Isa y su padre.

¿Qué mensaje crees que quiere enviar el padre-fantasma a su hija?

¡Ahora tú!

Elige una de las opciones que imagina Isa e inventa una breve historia explicando el significado de los números que indica el padre.

¿Cómo crees que se siente ahora Isa? ¿Piensas que está más animada que en el primer capítulo? ¿Por qué lo crees?

Y cada día, lo mismo

El nueve y el veinticinco
está claro lo que son,
los dice todos los días
a esa hora de reloj.

Lo escucho yendo al colegio,
mamá me lleva en el coche,
justo cuando por la radio
dan noticias de deportes.

Lo que no tengo tan claro
es por qué elige esa hora.
Y eso pone en marcha mis
dotes investigadoras.

Todos los días ocurre
lo mismo, como en un cuento:
yo estoy bajando del coche
y justo en ese momento,

mientras él dice los números,
ladra un perro en la otra acera,
mamá lanza un gran suspiro,
mi corazón se acelera,

mi madre suelta el volante,
se acaricia la barriga,
se le escapa otro suspiro,
me mira y me dice: «Isa,

que tengas un día espléndido,
diviértete, aprende un poco
y no te metas en líos.
A las cinco te recojo».

Así todas las mañanas.
No cambia nada, ni un gesto,
y el mensaje debe estar
relacionado con esto.

¿Será algo de lo que dice
el locutor deportivo?
¿O acaso tendrá que ver
con el perro y su ladrido?

A lo mejor la respuesta
está en lo que hace mi madre:
sus suspiros, la caricia
o quizás en su mensaje.

Lo que sé es que esos dos números
son una hora, está claro.
Al menos si los contamos
a los dos por separado.

Porque si juntamos todos
sale uno bastante largo,
en concreto nueve cifras
que deben servir para algo.

El nueve y el veinticinco;
veinticuatro, cinco, diez;
el seis cerrando el conjunto.
Nueve cifras... ¡Eso es!

Este misterio se ha puesto
mucho más que emocionante.
He tardado en descubrirlo
¡y lo tenía delante!

Después de leer

Explica lo que hacen y cómo se sienten Isa y su madre justo a las nueve y veinticinco. Imagina por qué se sienten así.

¿Qué descubrimiento piensas que hace Isa al final de este capítulo?

¡Ahora tú!

Formad grupos e inventad un código para enviar mensajes solo usando números.

- Explicad cómo es el código y en qué consiste.
- Pensad qué tipos de mensajes se pueden mandar, de qué extensión, con qué contenido...
- Decid cómo es el proceso para codificar y descodificar los mensajes.
- Haced pruebas para ver si funciona vuestro código.

De sorpresa en sorpresa

El número corresponde
a un teléfono concreto.
Nueve veinticinco es
de Toledo, no hay secreto.

Marco un poquito nerviosa,
tengo encogida la tripa.
Suena el tono de llamada,
al menos, no comunica.

Al cuarto tono descuelgan.
«Bar Isaura, ¿dígame?».
Me quedo paralizada.
«Aquí Isaura bar, ¿quién es?».

Sigo callada y me cuelgan,
pero aún oigo a ese hombre
que para hablar de su bar
¡ha pronunciado mi nombre!

Me voy hacia la cocina
como un zombi caminando.
Mamá me mira asustada:
«Cariño, ¿qué está pasando?».

«¿De dónde viene mi nombre?»,
pregunto. Mamá me mira
y después cierra los ojos,
respira hondo y suspira.

«Ya sabes, es en recuerdo
de una hermana de tu abuelo...».
«¿No tiene nada que ver
con un bar que hay en Toledo?».

Mamá se queda ojiplática,
mueve las piernas inquieta
y se va sin decir nada.
Vuelve con una carpeta,

saca una fotografía
de ella y papá sonriendo.
Están frente al bar Isaura,
parece que está lloviendo.

«Nos gustaba mucho el nombre
de la hermana de tu abuelo.
Luego, la casualidad
hizo que estando en Toledo

encontrásemos el bar.
Caían rayos y truenos
y sin mirar el cartel
entramos a protegernos.

Allí le dije a papá
que venías de camino.
Y cuando vimos el nombre
pensamos que era el destino».

Ha funcionado el teléfono,
tengo más información.
Aunque presiento que aún
no llego a la solución.

¿Qué pasará con el número
si lo leo del revés?
Seis, cero, uno... ¡Es un móvil!
¡A ver qué dice esta vez!

6

Después de leer

Haz un resumen con tus propias palabras de los capítulos que has leído hasta ahora.

¡Ahora tú!

Escribe un mensaje a Isa contándole que sabes lo que le ocurre. Muéstrale que comprendes cómo se siente, que te gustaría mantener contacto con ella...

Y todo es cada vez más confuso

Marco y ¡veo que mamá
tiene el número en la agenda!
Pienso: «Papá, con tus pistas,
consigues que me sorprenda».

En la pantalla del móvil
pone «Bret Secretaría»,
descuelgan y una voz dice:
«¡Hola, guapa! ¡Buenos días!».

Yo reconozco esa voz:
la que los sábados grita
desde las gradas del campo:
«¡Vamos, Bretonas, arriba!».

«Araceli, soy Isaura,
perdona, me he equivocado».
«¡Isaura! ¡Vaya golazo
el del sábado pasado!».

Mientras Araceli habla
mi mente empieza a pensar
en las veces que papá
iba conmigo a entrenar.

Y en los días de partido,
que también me acompañaba,
no dejaba de animarme
con mamá desde la grada.

Después, ganara o perdiera,
íbamos a celebrarlo
tomando un zumo y patatas
en el quiosco de Bernardo.

Eran ratos especiales
de familia, divertidos,
y, al recordarlos, añoro
disfrutar los tres unidos.

Me imagino que papá
también echará de menos
el compartir con nosotras
esos momentos tan buenos.

Araceli sigue hablando:
«Isa, ¡que ya lo tenéis!
En dos partidos, campeonas.
¡Vamos a por todas, seis!».

En el equipo nos llaman
por el número a la espalda.
Por eso yo soy el seis
y a papá eso le encantaba.

«El número de mi niña
–decía todo contento–
es mi cifra favorita».
Pero entonces… Un momento.

Vamos a recopilar:
tengo una hora secreta,
un bar con mi nombre, el seis
que llevo en mi camiseta…

Todo es bastante confuso.
Y lo único que digo
es que el mensaje fantasma
tiene algo que ver conmigo.

Después de leer

Explica ordenadamente cómo ha ido Isaura resolviendo las pistas. Haz una lista numerando cada paso:

1. Cada mañana, el papá susurraba a Isa…
2. Los sábados…
3. Cuando llegaban al colegio…

¡Ahora tú!

Explica con tus propias palabras por qué se siente confusa Isaura.

¡Vaya semana!

Yo no pierdo la esperanza.
Sigo buscando respuestas
al misterio de las cifras
separadas o revueltas.

Lo de los números juntos
hasta ahora ha funcionado.
Aunque he de reconocer
que mucho no me ha aclarado.

He intentado ver si son
coordenadas de lugares.
Las meto en el GPS
y es esto lo que me sale:

sitios que están en el medio
de la nada, carreteras
cerca de pueblos con nombres
curiosos, como Brihuega,

Aldehuela, Orihuela...,
que no me suenan de nada
y que, si te has dado cuenta,
llevan hache intercalada.

Lo digo porque al principio
pensé que sería una pista:
la hache es una letra muda,
y mi padre no rechista.

Pero no tiene sentido,
o al menos yo no lo encuentro.
El silencio de mi padre
no tiene que ver con esto.

Así que he de confesar
que ando bastante perdida.
Y encima en esta semana
tengo un montón de movidas.

Exámenes en el cole,
la abuela en el hospital…
porque la cena del lunes
le sentó bastante mal…

Mamá dice que no es grave.
«Un simple empacho, tu abuela,
que no puede contenerse
cuando le hago magdalenas».

En eso papá era igual,
se podía comer cien
mientras mi madre decía:
«No te van a sentar bien».

Pero me voy a centrar,
que me marcho por las ramas.
Estaba contando todo
lo que tengo esta semana.

Y es que el sábado es mi cumple
y la final del torneo
de fútbol con las Bretonas.
¿Tengo o no tengo jaleo?

Así que a mí me parece
que me tengo que centrar
en todo esto y los números
los dejaré descansar.

¡Ahora tú!

¿Qué consejos darías a Isa para enfrentarse a la semana complicada que la espera? ¿Qué harías tú?

Formad grupos e investigad cómo funcionan las coordenadas que se insertan en el GPS. Luego, explicadlo. Buscad coordenadas de lugares cercanos de la localidad o el barrio: el colegio, el parque, el ayuntamiento… Fijaos en cómo cambian las cifras, aunque sean lugares que se encuentren muy cercanos.

Un cumpleaños diferente

Es veinticuatro de mayo,
día de mi cumpleaños,
y desde que cumplí tres
hacemos todos los años

un desayuno especial.
La abuela hace su pastel
y papá su macedonia,
pero este año sin él

será todo muy distinto.
Además, dentro de un rato
las Bretonas nos jugamos
la final del campeonato.

Estamos en la cocina,
la abuela me felicita,
mamá me da su regalo:
una falda muy bonita.

A las nueve y veinticinco
papá aparece, me mira,
recita lento sus números,
la abuela y mamá suspiran.

Mientras yo soplo las velas,
un perro ladra en la calle,
se oye una radio en el patio,
papá no pierde detalle.

Mamá se toca la tripa.
«Veinticuatro, cinco, diez»,
mirándola sonriendo
papá susurra otra vez.

«A esta hora justamente»,
dice la abuela, «naciste».
«Es verdad, era temprano
¡Menuda noche me diste!».

Entonces todo parece
que se ordena en mi cabeza
y en el puzle de los números
encajan todas las piezas:

las dos primeras, la hora
en que yo nací; la fecha
la marcan las tres siguientes,
y, al final, mi camiseta.

Las lágrimas se me saltan.
«¿Qué te ocurre, niña mía?
No es malo sentirse triste».
«No es tristeza, es alegría».

Cojo a mamá y a la abuela
y las abrazo con fuerza.
Papá se frota los ojos
y yo me siento contenta.

Papá, creo que ya entiendo
lo que me quieres decir:
te prometo que tampoco
me olvidaré yo de ti.

Después de leer

Escribe un texto explicando el contenido de este capítulo. Contesta en el texto a las siguientes preguntas:

- El significado de los números que decía el padre.
- El mensaje que el padre quería mandar a su hija.
- El mensaje que la hija decide mandar al padre.

Todo fluye

Se nos está haciendo tarde.
El partido va a empezar
y si no nos damos prisa
nos podremos retrasar.

Así que agarro mi bolsa,
miro que no falte nada:
botas, jabón, camiseta,
agua, bocadillo y toalla.

«¡Todo en orden!», grito y tomo
por si acaso el chubasquero.
Papá mueve la cabeza
como diciendo: «No puedo».

«Yo te lo cuento después
cuando vuelva del estadio»,
pero él se va hacia la puerta
y me señala el armario.

Lo abro y veo colgada
su gorra de los partidos
y recuerdo que con ella
ni uno solo hemos perdido.

Le lanzo un beso, él sonríe,
cojo la gorra y al coche,
le digo adiós a la abuela,
nos veremos por la noche.

Voy a sentarme delante,
al sitio del copiloto,
y veo a papá detrás
que está guiñándome un ojo.

«Mamá, mejor voy detrás,
que estoy un poco nerviosa».
«Que no te agobie el partido,
mejor piensa en otra cosa».

Papá y yo nos colocamos
cada uno en un extremo.
Sin decir ni una palabra
sabemos que nos queremos.

Para que no me maree
mamá conduce despacio
y sonriéndome baja
el volumen de la radio.

Aunque no por el partido,
es cierto que estoy nerviosa
y que bailan en mi tripa
hormigas y mariposas.

Lo raro es que estoy feliz
y nerviosa al mismo tiempo.
Tener a papá tan cerca
me da un buen presentimiento:

con la gorra y papá al lado
nada malo va a pasar.
Seguro que este partido
bien lo vamos a ganar.

Y si perdemos, no importa.
Papá, ya sé lo que quieres.
Estaré siempre contigo
aunque al final no te quedes.

¡Ahora tú!

Explica la expresión: «bailan en mi tripa hormigas y mariposas». Inventa otra expresión que sirva también para describir ese estado de ánimo.

Explica las dudas que expresa Isa en la última estrofa de este capítulo.

Un final glorioso

Estamos saltando al campo
y veo a papá en la banda
intentando arrebatar
a Araceli su bufanda.

Cuando Araceli se va
le digo: «¡Espera, no corras!».
Y le pido que si puede
lleve a mi madre la gorra.

Rueda el balón, las Bretonas
dominan el primer tiempo.
Las contrarias solo corren
y se quedan sin aliento.

Cero a cero en el descanso,
la emoción a flor de piel.
El míster nos felicita
y papá está junto a él.

Me encantaría abrazarle,
pero sé que no podemos.
Tenemos que conformarnos
haciendo *okey* con el dedo.

Reanudamos el partido
y papá sube a la grada
con mamá, que muy nerviosa
está a Araceli abrazada.

Marina corre la banda,
yo dejo atrás la defensa,
me da un pase a la medida
y remato de cabeza…

¡A la escuadra! Por un pelo.
Nos estamos acercando.
Los de la grada lo saben
y nos siguen animando.

Ahora Sara regatea
a dos defensas contrarias.
La central le corta el paso,
yo espero al borde del área.

Me ve libre de marcaje
y sin desviar la mirada
hace un quiebro a la derecha,
deja a la central clavada

y me pasa la pelota.
Yo, con la pierna cambiada,
la pego con fuerza y dejo
a la portera sentada.

Un segundo de silencio,
después las gradas que gritan,
Sara y Marina me abrazan
y todas me felicitan.

Papá alza el brazo hacia el cielo
con tres dedos extendidos,
repito su gesto y todos
me siguen enardecidos.

Miro hacia él y su silueta
se empieza a desdibujar.
«Adiós, papá», le susurro,
«nunca te voy a olvidar».

Con ese gol las Bretonas
han alcanzado la gloria.
Cuando termina el partido
celebramos la victoria.

En casa pongo en un plato
un pedazo de bizcocho
y me voy hacia el salón,
pero antes cojo la foto

de papá y mamá en Toledo,
después saludo a mi abuela
y pongo foto y bizcocho
al ladito de la vela.

«Gracias por todo, papá.
¡Te has perdido una gran fiesta!
Pero tranquilo, que ahora
yo te la cuento contenta».

Después de leer

Compara cómo se siente Isa al final de la historia y cómo se sentía al principio. ¿Por qué crees que han cambiado así sus sentimientos?

¡Ahora tú!

¿Crees que Isa volverá a ver a su padre-fantasma? ¿Por qué lo piensas?

Formad grupos e inventad una aventura en la que el fantasma del papá vuelva a aparecer. Podéis hacerlo en verso o en prosa. Escribid las historias que habéis inventado y formad un libro con los relatos.

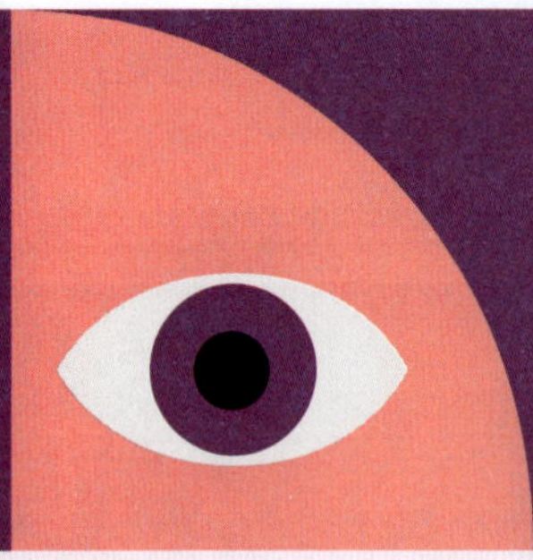

CLUB de Lectura

Elaborad colectivamente obras plásticas que expresen los sentimientos de la protagonista a lo largo de la historia. Para ello, planificad los colores y las formas que vais a utilizar para representar cada una de sus emociones. Por ejemplo:

Ve a la primera página de este bloque y vuelve a leer la biografía de Javier Fonseca. Prepara un cuestionario en el que le preguntes sobre las actividades que realiza relacionadas con la lectura.

Convertid entre toda la clase la historia que acabáis de leer en una obra breve de teatro. Para ello, debéis decidir lo siguiente:

- Si los diálogos serán en verso, como el relato original, o los vais a reescribir en prosa.
- Si se recogerán todos los capítulos o se hará un resumen del argumento.

Para hacer la adaptación podéis seguir estos pasos:

1. Dividir el argumento en escenas y definir los personajes que intervienen en cada una.
2. Reescribir los diálogos en el tono que hayáis elegido.
3. Hacer varias lecturas en voz alta dramatizando las situaciones para comprobar que los diálogos tienen sentido y que la redacción es correcta.

Para documentaros sobre las obras de teatro en verso, podéis ver un fragmento de *La venganza de don Mendo*, de Pedro Muñoz Seca, en el canal de RTVE. Observad la expresividad, los dobles sentidos de las expresiones, cómo se marca la rima en las intervenciones de los personajes...

La biblioteca ambulante
SANTIAGO GARCÍA-CLAIRAC
RAQUEL MARTÍN

SANTIAGO GARCÍA-CLAIRAC

Soy Santiago García-Clairac y nací en Mont-de-Marsant, en Francia. *Maxi el aventurero* fue mi primer libro y desde entonces ya he publicado unos cuarenta.

Me gusta escribir sobre cosas reales, pero también me encanta inventar historias de fantasía.

El libro más corto que he escrito tiene 108 páginas y el más largo (una trilogía) tiene 1.995 páginas.

En el año 2004 me dieron el Premio Cervantes Chico por toda mi obra infantil y juvenil.

RAQUEL MARTÍN

Hola, soy Raquel Martín y soy médico e ilustradora. Nací en Barcelona y desde hace unos años vivo con mi familia en la preciosa isla de Menorca.

Mis ilustraciones han aparecido en libros y revistas de diferentes países del mundo. Me encanta dibujar rostros, alfombras de colores y paisajes inventados.

ÍNDICE

Antes de leer

Lee los títulos de los capítulos y el primer párrafo de cada uno. Observa también las ilustraciones. Explica con tus propias palabras cuál es el tema de la historia y qué detalles has descubierto.

¿Qué te interesaría saber de este libro antes de empezar a leerlo? Explícalo.

- Quiénes son los personajes.
- Dónde se desarrolla la historia.
- Qué tipo de historia es...

Después de leer

¿Esta novela es realista o fantástica? ¿Por qué lo piensas?

¿Cuáles de las siguientes palabras crees que describen mejor la novela? Haz un breve resumen de la historia utilizando las palabras que has elegido.

amable emocionante interesante
histórica optimista
pesimista alegre triste
esperanzadora

SÁBADO, 25 DE MAYO

Estaba un día jugando con mis amigos cuando, de repente, una mujer de pelo blanco, montada en una bicicleta que arrastraba un carrito, entró en la Plaza Mayor y todo el mundo la miró con mucha curiosidad.

Pedaleaba con esfuerzo subida a su vieja bicicleta, sobrecargada de paquetes, bolsas, alforjas y cajas que debían de pesar una barbaridad. Había bultos por toda la carretilla.

Se detuvo junto a la fuente, casi a mi lado, y echó una ojeada al pueblo. Todas las casas de Castañares, salvo la de don Genaro, eran muy humildes y bastante pobres. Pensé que nuestra aldea no le iba a gustar y se marcharía.

De repente, me miró y me hizo una pregunta:

—¿Cómo te llamas?

—Magdalena Jiménez —le respondí—. ¿Y usted?

—Paloma —contestó—. ¿Conoces algún sitio donde pueda hospedarme?

—Ahí, en los soportales, hay un hostal. Es el único del pueblo. Tiene un patio donde podrá guardar su bicicleta.

—Muchas gracias, Magdalena. Espero que quieran alojarme.

—¿Se va a quedar en el pueblo?

—Ya veremos, ya veremos. Tutéame y dime una cosa, ¿vas al colegio?

—Claro, tengo once años y estudiaré hasta los catorce.

—Entonces, ¿sabes leer?

—Leo bastante bien.

Empujó su bicicleta hasta la puerta de la pensión de Félix.

Mis amigos y yo nos fuimos hasta el molino, luego cazamos unas ranas en el río y al atardecer volvimos a la plaza.

Entonces vi algo que me dejó asombrada.

Paloma había desplegado una manta en el suelo y la había cubierto de libros. Seguro que había más de los que teníamos en todo Castañares.

Nos acercamos a ver qué pensaba hacer con ellos.

—Hola, Magdalena —dijo cuando me vio llegar—. Gracias por indicarme esta preciosa pensión. El dueño me ha alquilado una habitación a buen precio, así que me quedaré una temporada.

—¿Vendes los libros?

—No, los presto. Si ves alguno que te guste, te lo puedes llevar.

—¿Gratis?

—Totalmente gratis. Ya me lo devolverás cuando lo termines. Anda, mira a ver si hay alguno que te interese.

—Es que... no sé elegir libros.

Se puso a mi lado y dijo:

—Mira, te recomiendo este que se titula *Mujercitas*. Es una preciosa historia en la que una de sus protagonistas quiere ser escritora. Te gustará.

—¿Para qué quiero yo leer este libro, con todo lo que tengo que hacer?

—¿Has viajado?

—Nunca he salido de Castañares.

—Si lo lees, vivirás una gran aventura que te encantará. Te sentirás en otro mundo y serás muy feliz.

Su explicación me resultó tan sorprendente que lo cogí y me lo llevé.

Era el primer libro que iba a leer en toda mi vida.

Después de leer

¿Por qué se sorprenden todos en Castañares cuando ven llegar a Paloma?

Explica por qué Magdalena considera que leer libros no es importante. ¿Crees que seguirá pensando así al final de la historia? ¿Por qué lo piensas?

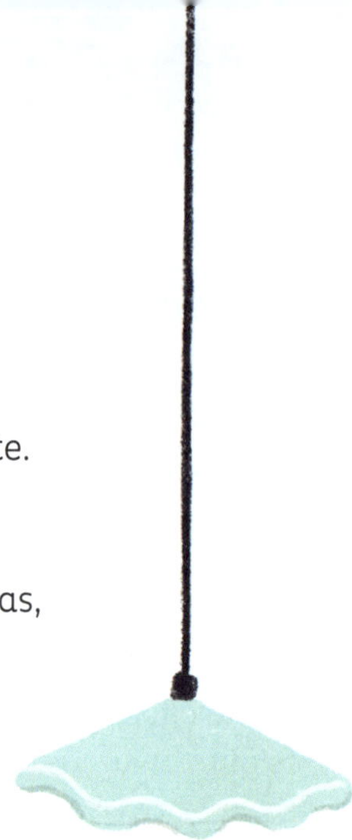

DOMINGO, 26 DE MAYO

Empecé a leer después de cenar y no pude dejarlo hasta que lo acabé.

Me atrapó hasta la última página.

Nunca imaginé que un libro pudiera contener una historia tan apasionante.

Paloma había acertado de pleno al recomendármelo.

Cuenta la historia de una familia que tiene varias hijas y muchos problemas, pero una de ellas desea ser escritora y no para hasta que lo consigue.

Me ha recordado muchas de las cosas que han pasado en mi casa. Mi familia ha sufrido mucho, pero siempre hemos salido adelante con esas ganas de vivir que mi madre nos ha transmitido.

Al día siguiente, después de desayunar, me fui hacia la plaza para devolverle el libro, por si se lo quería dejar a otra persona.

Cuando me acerqué, vi que algunos curiosos pasaban cerca, pero nadie se detenía. Creo que la gente desconfiaba de ella. Los de Castañares somos bastante recelosos, sobre todo, con los extraños.

—Hola, Magdalena —me dijo apenas me vio—. ¿Has empezado el libro?

—Lo he terminado y me ha encantado. Vengo a devolvértelo y a darte las gracias.

Le entregué el ejemplar y lo colocó sobre la manta.

—¿Quieres llevarte otro?

—Me gustaría, pero tengo muchas cosas que hacer. Por aquí no podemos permitirnos el lujo de gastar el tiempo en lecturas.

—Leer no es un lujo —dijo—. Leer es el alimento de la imaginación. ¿No has sentido que viajabas al lugar de la novela? ¿No has vivido una nueva experiencia?

—Bueno, sí, pero ya te digo que tengo muchas cosas que hacer.

Los ojos se me iban hacia aquellas portadas tan atractivas. Sí que me hubiera gustado leer algunos más.

—Estoy pensando proponerte algo —dijo de repente—. A lo mejor, podrías ser mi ayudante.

Su idea fue una gran sorpresa para mí.

—Magdalena, la ayudante de la bibliotecaria —especificó—. ¿Te apetece?

Me lo pensé durante un rato. Era una proposición muy atractiva.

—No podré pagarte, claro —dijo—. Bibliotecaria por afición.

—¿Qué tendría que hacer? —pregunté.

—Ayudarme a atender a la gente que quiera llevarse un libro. También puedes atraer a posibles lectores. O puedes ordenar las filas de libros. En fin, lo que te apetezca.

Nunca en mi vida había trabajado. A veces, mamá y yo íbamos a recoger hierbas a la finca de don Genaro, pero le pagaban a mi padre.

—Está bien, acepto, pero solo hoy, que mañana es lunes y tendré que ir al colegio. Solo podré venir a ratos.

—De acuerdo, puedes empezar ahora mismo.

—¿Qué hago?

—Ponte a mi lado y lee los títulos en voz alta.

Le hice caso y me puse a recitar:

—*Viaje al centro de la Tierra*... *Las aventuras de Peter Pan*... *Alicia en el país de las maravillas*... *El Principito*... *Mujercitas*... *El lazarillo de Tormes*...

¡Ahora tú!

¿Te gustaría ayudar a Paloma con los libros? ¿Por qué lo crees?

¿Qué tendrías que hacer para desarrollar bien tu trabajo? ¿Tendrías que leer todos los libros? Explica por qué lo piensas.

VIERNES, 7 DE JUNIO

Poco a poco, la gente empezó a confiar en Paloma y se sintió atraída por los libros expuestos en la manta.

Los más osados se acercaron y algunos llegaron a tocarlos. Otros se llevaron su ejemplar.

A los pocos días, la noticia de su llegada había corrido por todo el pueblo y la gente supo que los préstamos habían empezado.

—¿Seguro que no me costará nada? —preguntaban.

—Es totalmente gratuito —respondía Paloma—. Sé que tenéis poco dinero, por eso he venido, para que vosotros y vuestros hijos podáis leer.

Yo iba todos los días a ayudarla, a pesar de que mis padres me regañaban por perder el tiempo en algo tan inútil como aquello.

—Esa mujer es peligrosa —dijo mi padre una noche—. Hace perder el tiempo a la gente.

Cuando parecía que todo iba bien y que los vecinos de Castañares estaban decididos a gastar parte de su tiempo en la lectura, ocurrió algo que me preocupó.

—¿Tiene usted licencia para vender? —le preguntó uno de los dos policías que se acercaron.

—Es que no vendo nada —respondió ella—. Yo presto los libros.

—Bueno, tendrá licencia para prestar sus libros —dijo el otro.

—¿Desde cuándo hace falta licencia para prestar libros? Es un favor que hago a la gente. No creo que sea necesario un permiso para hacer favores.

Los dos agentes se quedaron un poco desconcertados.

—Bueno, haremos una consulta con el Ayuntamiento —dijeron antes de irse—. Pero procure no armar barullo. Y nada de aglomeraciones, que están prohibidas.

—Aquí no hay barullo —dije.

—Magdalena, no te metas en esto —me advirtió el agente López, que era amigo de mi padre.

Los vimos alejarse con preocupación. Aquella visita no nos había gustado nada.

—Espero que te dejen en paz —dije.

—No lo harán —contestó—. No pararán hasta echarme de aquí.

De alguna manera supe que sus palabras tenían algo de verdad y me sentí intranquila.

—Esta noche puedes llevarte este libro —propuso, tendiéndome un ejemplar—. Te gustará mucho.

—*El retrato de Dorian Gray*... —leí.

—Es la historia de un hombre que tiene un retrato que se convierte en su conciencia.

Esa noche tampoco pude dormir.

Dorian era un egoísta que descubría lo mala persona que era gracias al cuadro que un artista le había pintado.

La lectura se estaba convirtiendo en una afición peligrosa de la que ya no quería prescindir.

Mi forma de ver la vida empezó a cambiar por culpa de aquellos libros que me enseñaban cosas de las que nunca nadie me había hablado.

Después de leer

Explica con tus propias palabras el último párrafo de este capítulo. ¿Piensas que la lectura puede cambiar la vida de las personas? Indica por qué.

LUNES, 10 DE JUNIO

Apenas entré en clase esa mañana, me di cuenta de que algo no iba bien.

Mis compañeros estaban un poco alterados, gritaban y reían en voz alta.

Intenté no darle importancia y me centré en las enseñanzas de la profesora.

Salimos al recreo y entonces las cosas se enredaron.

—Oye, Magdalena, ¿por qué ayudas a esa bruja que presta libros? —me preguntó Genarito, el hijo de don Genaro, que era compañero de clase.

—Creo que hace una buena labor. ¿Qué tiene de malo que preste libros a la gente?

—Pues que se distraen, no se centran en el trabajo y no atienden a sus hijos. ¿Te parece poco?

—No creo que moleste a nadie. Tampoco los obliga a leer, solo los pone a disposición. Y no cobra nada.

—Yo creo que te convendría dejar de ayudarla. Es peligrosa y la policía la tiene vigilada —me advirtió.

No respondí. Me di cuenta de que intentaba asustarme y preferí irme con mis amigas, al otro lado del patio.

Luego volvimos a clase, pero yo ya no estaba tranquila. La conversación con Genarito me había preocupado.

Salimos de clase por la tarde y me fui corriendo a la plaza para ayudar a Paloma.

—¿Qué tal ha ido la jornada? —le pregunté.

—Muy bien, cada día viene más gente a buscar libros —me dijo.

—Me alegra mucho saber que mis vecinos quieren leer. Ya era hora de que lo hicieran.

—Ellos no tienen la culpa. Hasta ahora, no ha habido libros en este pueblo.

La gente pasaba y algunos se detenían y nos preguntaban algo sobre nuestros libros.

—Me gustaría leer algo romántico.

—¿Tiene algún libro sobre la Guerra Mundial?

—¿Algo para niños?

No dejamos de prestar libros en toda la tarde.

Ya anochecía cuando dos hombres que trabajaban para don Genaro se acercaron:

—¿No le da vergüenza hacer perder el tiempo a la gente con esos tochos?

—Deberían echarla de Castañares —dijo el otro—. Si no lo hace la policía, tendremos que hacerlo nosotros.

Paloma y yo nos miramos atemorizadas. Lo peor es que habían utilizado las mismas palabras que Genarito. Y eso me alarmó.

Mientras se alejaban, tuve un mal presentimiento.

¡Ahora tú!

Encuentra en este capítulo los argumentos que dan algunos personajes en contra de la lectura. Luego, busca tú la forma de rebatirlos: haz una lista de argumentos a favor y escribe un texto corto que los explique.

JUEVES, 13 DE JUNIO

Todo el mundo comentaba la visita de los dos empleados de don Genaro a la bibliotecaria.

—¿Estás segura de que te conviene seguir ayudando a esa mujer? —me preguntó papá durante el desayuno.

—Está haciendo una gran labor. Por fin, la gente de Castañares está leyendo libros, cosa que no había ocurrido nunca —respondí.

—En Castañares se dejó de leer cuando terminó la guerra —añadió mamá—. Ya es una tradición. Ya veremos qué consecuencias tiene esa nueva afición.

Aunque no lo decían, tenían miedo. Por el pueblo corría el rumor de que don Genaro estaba muy disgustado por la presencia de la bibliotecaria. Y que no le gustara a don Genaro era peligroso.

Cuando llegué por la tarde, me di cuenta de que Paloma estaba preocupada y nerviosa.

—¿Qué te pasa? —le pregunté.

—Nada, es que no he dormido bien —contestó, intentando evitar el tema.

Su respuesta no me convenció, pero no insistí.

Al cabo de una hora, varios hombres, encabezados por don Genaro, se acercaron.

—¿Así que eres tú la persona que está soliviantando a la pacífica gente de Castañares? —preguntó con arrogancia.

—Yo soy una simple bibliotecaria que presta libros a la gente —contestó Paloma con toda humildad.

—Te has equivocado de sitio. En Castañares no queremos tus libros. Deberías marcharte lo antes posible —le advirtió don Genaro—. Te lo digo por tu bien.

—Mientras haya alguien que quiera leer mis libros, no me marcharé —dijo ella.

Don Genaro la miró con fuego en los ojos; después, me miró a mí.

Levantó el bastón y la señaló:

—Ya veremos si te marchas o no —dijo en tono amenazador.

Por fin, se retiró lentamente, golpeando el suelo con la punta de su bastón, acompañado de sus hombres, que, al pasar ante nosotras, nos lanzaron miradas burlescas y ofensivas.

Cuando nos quedamos solas, las piernas nos temblaban.

Ni siquiera podíamos hablar.

Luego, nos dimos cuenta de que se acercaban menos personas.

Los que sí vinieron fueron los dos mismos policías de días atrás.

—Queda usted arrestada por perturbar la paz y el orden en Castañares —anunció uno.

—Tiene usted que acompañarnos a la comisaría —añadió López.

Ella y yo nos miramos, desconcertadas.

—Pero si no ha hecho nada —dije para defenderla—. Solo ha prestado libros.

—Eso lo decidirá el juez —añadió el que había hablado en primer lugar.

—Es mejor que vaya con ellos —me dijo Paloma—. Cuida de los libros.

Dio un paso adelante y los policías se colocaron cada uno a un lado para, silenciosamente, dirigirse a la comisaría.

Después de leer

Explica con tus propias palabras el significado de los siguientes términos:

soliviantar · humildad · tradición · perturbar · amenazador · desconcertada · burlesca · ofensiva

VIERNES, 14 DE JUNIO

Esa noche no pude dormir.

No dejaba de pensar en ella, ahí, sola, en un calabozo.

A la mañana del día siguiente decidí hacerle una visita.

Me acerqué a la puerta de la comisaría y un agente me detuvo.

—¿Qué buscas aquí? —me preguntó—. Deberías estar en el colegio.

—Ya le explicaré al director del colegio que he venido a ver a Paloma. Me marcharé cuando la vea.

—¿Qué llevas ahí?

—Un desayuno. Creo que le vendrá bien. ¿Me deja pasar?

Después de mirarme de arriba abajo, me indicó que podía entrar.

Los dos policías, que estaban sentados en un banco de madera, se fijaron en mí.

—¡Vaya, mira a quién tenemos aquí! A la amiga de la subversiva —se burló uno.

—A lo mejor quiere que la encerremos también a ella —bromeó López.

—Tengo derecho a verla —protesté—. Y nadie me va a encerrar.

Se rieron a carcajadas, lo que provocó que el comisario saliera de su despacho.

—¿Qué pasa aquí? ¿A qué vienen estas risas? —preguntó algo enfadado.

—Se ríen de mí —dije—. He venido a ver a la bibliotecaria y a traerle un desayuno.

—Esa mujer es un peligro público. Es mejor que dejes ahí la cesta, ya se la daremos nosotros. Ya verás cuando se enteren tus padres.

—Esa mujer no es ninguna amenaza y la cesta se la entrego yo. Mis padres ya saben que he venido aquí.

—Me parece a mí que tú eres un poco rebelde. Eso te pasa por leer.

No me moví y no dije nada, dejando claro que no pensaba irme de allí sin verla y sin entregarle personalmente el desayuno.

—Está bien, que pase y le entregue la comida —accedió finalmente—. Pero que sea rápido. No quiero que se entere don Genaro.

Me acompañaron al sótano y me abrieron la puerta de la celda.

—Hola, Paloma, he pensado que te vendría bien desayunar —dije apenas la vi.

Traté de ocultar la pena que sentí al verla en ese oscuro lugar en el que nadie debería estar.

—Muchas gracias, Magdalena —comentó—. Eres una gran chica. Espero que esto no te traiga problemas.

—Eso me da igual. No pienso dejarte sola. ¿Por qué te tratan así?

Cogió la cesta, la abrió y sacó una manzana a la que dio un mordisco.

—No es contra mí, es contra los libros —explicó—. Hay personas que no quieren que la gente lea. Les da miedo que aprendan cosas que les hagan pensar. Creen que los libros son un peligro. Eso es lo que pasa, Magdalena.

Sus palabras me calaron hondo. Me hicieron pensar en algo que nunca había pasado por mi imaginación. Menos lectores, menos problemas, eso quería decir.

—Mientras sigas aquí, yo haré que los libros estén a salvo —le prometí—. Me ocuparé de prestarlos.

¡Ahora tú!

Copia la expresión o las expresiones que mejor resumen el contenido de este capítulo.

- La lectura nos ayuda a pensar de mil formas diferentes.
- Los buenos lectores comprenden mejor lo que los rodea.
- Los lectores son gente más interesante que los no lectores.
- Los lectores son curiosos y siempre se preguntan cosas.

MIÉRCOLES, 19 DE JUNIO

Cada tarde iba a la pensión, cogía los libros y los exponía en la calle para que la gente pudiera verlos y cogerlos.

A veces, algunos pasaban y me insultaban o me amenazaban.

—¿Por qué haces esto, pequeña? —me preguntó mi vecina Dolores—. ¿No ves que te estás complicando la vida?

—Lo sé, pero no puedo evitarlo —le respondí—. Creo que la lectura es buena y necesaria. ¿Quiere llevarse alguno?

—No quiero que nadie me vea con un libro —respondió—. Pero, si esta noche me llevaras secretamente ese de ahí, lo leería con gusto.

—¿Se refiere a *Rebelión en la granja*?

Asintió con la cabeza y se marchó inmediatamente.

Algunos de mis vecinos hicieron lo mismo que Dolores. Me señalaban un libro y se marchaban después de pedirme que se los llevara sin que nadie me viera.

El miedo había cundido en el pueblo. Las amenazas de don Genaro habían surtido efecto. Nadie quería crearse enemistades, pero eran muchos los que querían leer.

El día acabó bien, con un montón de encargos secretos.

Esa noche, con mucho sigilo, repartí los libros que la gente me había encargado.

Durante horas, llevé los ejemplares que la gente quería leer a escondidas.

Fueron tantos que casi me quedé sin libros. Estaba muy contenta ya que Paloma se animaría al saberlo.

Pero no todo eran alegrías.

Corrió la voz de que la iban a juzgar al día siguiente.

Don Genaro tenía prisa por deshacerse de ella y había acelerado el proceso para que la condenaran lo antes posible.

Aquella noche no pude dormir. Solo de pensar en lo mal que lo estaría pasando me ponía nerviosa. Era inocente y únicamente se había dedicado a prestar libros de forma gratuita; me costaba entender el motivo de su encarcelamiento y de su persecución.

¿Por qué odiaba don Genaro tanto los libros?

¿Acaso no era bueno que la gente de su pueblo tuviera acceso a la fantasía y a la información?

No encontré ninguna respuesta convincente.

Esa noche leí un libro titulado *La metamorfosis*, que me sirvió para comprender que, a veces, ocurren cosas inexplicables que te hacen ver lo que pasa a tu alrededor.

La metamorfosis contaba la historia de un hombre que se despierta un día convertido en un insecto. Luego, la historia explica que ese hombre, que no hacía otra cosa más que trabajar, llevaba una vida muy mediocre.

Quizá por eso se convirtió en un bicho. Supongo que el autor quería alertarnos de que hay que tener cuidado con la vida que llevamos, que puede afectarnos.

Y eso me hizo pensar que leer era bueno para la mente. Leer puede darnos una visión más amplia de la vida.

Quizá era eso lo que asustaba a don Genaro. Quizá quería que los habitantes de Castañares viviesen como insectos.

Después de leer

Explica el significado de las siguientes expresiones:

- No te compliques la vida.
- El miedo cundió en el pueblo.
- Las amenazas habían surtido efecto.
- El hombre llevaba una vida mediocre.
- Leer nos da una visión más amplia de la vida.
- Quizá quería que los habitantes de Castañares viviesen como insectos.

SÁBADO, 29 DE JUNIO

Como la sala del juzgado era demasiado pequeña, el juicio se celebró en el pajar del tío Lucas, que era mucho más grande.

Todo el pueblo pudo entrar y, aunque un poco apretujados, pudieron asistir al juicio de Paloma, la mujer que prestaba libros gratuitamente.

El juez, que era el mismísimo don Genaro, tomó asiento y golpeó la mesa con su martillo para pedir orden y silencio.

Paloma estaba sentada en el banquillo de los acusados y tenía mala cara, ya que llevaba varios días encerrada y no había comido ni dormido lo suficiente. Además, la tensión nerviosa la había hecho sufrir más de la cuenta.

Don Genaro miró a todo el mundo con ese gesto tan suyo que significaba que allí mandaba él.

—Queridos vecinos de Castañares —exclamó con tono muy solemne—, estamos aquí reunidos para juzgar a esta intrusa que ha venido a alterar la paz de nuestro municipio.

Hizo una pausa para que todo el mundo pudiera pensar en las palabras que acababa de pronunciar.

—Debido a que ella no se puede pagar un abogado y Castañares no tiene fondos para contratar a uno de oficio, no quedan más que dos alternativas: o se defiende ella misma o lo hace algún vecino. ¿Hay alguien entre el público que quiera defenderla?

Se hizo un silencio aún mayor que indicaba claramente que nadie estaba dispuesto a asumir su defensa.

—¡Yo! —exclamé, sin poder contenerme—. ¡Yo la defenderé!

Todo el mundo me miró como si hubiera dicho algo horrible.

—Eso no puede ser, querida Magdalena —alegó don Genaro—. No tienes la edad legal para participar en un juicio. ¡Petición denegada!

—Pero puedo ser testigo. ¡Quiero declarar a su favor!

Don Genaro se quedó pensativo. Era evidente que no había tenido en cuenta esa posibilidad.

—Está bien, se te concede la oportunidad de declarar. Pero antes tengo que formular las acusaciones.

Asentí con la cabeza.

Miré a Paloma, que me lanzó una sonrisa.

—Se acusa a esta mujer de perturbar el orden y de practicar actividades ilegales —dijo con su voz autoritaria—. Por lo tanto, se la condena a ser expulsada de Castañares en el plazo de veinte horas. Mañana, al amanecer, tendrá que abandonar nuestro municipio. Ah, y se llevará todos sus libros con ella, que aquí no los queremos para nada.

—¡Tengo que declarar! —grité.

—Ha sido declarada culpable, así que tu testimonio ya no es necesario —gruñó—. ¡Juicio terminado! ¡Desalojen la sala!

¡Ahora tú!

Preparad una dramatización sobre el juicio que se explica en este capítulo. Para hacerla más creíble, podéis añadir personajes, testigos... También podéis escribir el texto completando los diálogos.

¿Qué has sentido al presenciar el juicio como si se estuviera celebrando de verdad?

SÁBADO, 29 DE JUNIO

Solo quedaban unas horas antes de que echaran a Paloma de Castañares, así que tuve que darme prisa para llevar a cabo el plan que ella y yo habíamos ideado durante una rápida visita que le hice después del juicio.

Empecé a actuar a media tarde.

Mi trabajo consistía en recuperar todos los libros que habíamos prestado; tenía que colocarlos en las cajas y bolsas del carrito y de la bicicleta de forma que, al salir de la cárcel, Paloma pudiera marcharse inmediatamente, según ordenaba la sentencia. Si no, don Genaro usaría cualquier excusa para encerrarla de nuevo.

Cogí un cesto de mi madre e hice visitas a los que tenían libros y hablé con ellos durante un rato. Luego, salía de sus casas y volvía a la pensión con el canasto lleno.

Los policías y los hombres de don Genaro me vigilaban desde lejos, pero hice como si no los viera y seguí con mi trabajo.

Aprovechando que esos hombres no sabían qué vecinos estaban en mi lista, visité a personas que no habían pedido libros. Les conté el plan de Paloma y les trasladé un saludo.

Poco a poco, y con mucha paciencia, entré en todas las casas del pueblo, llevando el cesto vacío en ocasiones y lleno en otras.

Era de noche cuando di por terminada mi labor.

Fue un trabajo arduo, pero logré mi objetivo.

Y me quedé muy satisfecha.

Me fui a casa a cenar para que mis padres no se preocuparan.

—Paloma se marcha mañana al amanecer —les dije—. Se acabaron los problemas.

No dijeron nada, pero noté que sus caras expresaban un cierto alivio.

Mientras tomaba la fruta de postre, me pregunté si seguía siendo la misma persona que era antes de leer los libros que Paloma me había prestado.

Entonces supe que la lectura me había cambiado la forma de ver la vida, y me sentí muy contenta.

Decididamente, había valido la pena conocerla y hablar con ella.

Nunca me explicó de dónde había sacado la idea de recorrer pueblos y prestar libros, pero no me hizo falta. Seguro que lo había leído en algún libro.

Ella misma era un personaje de libro.

Era una de esas personas que se entregan a los demás a costa de arriesgar su propia vida, y eso era muy bonito.

Dormí unas horas y me levanté muy temprano. Después de desayunar, monté en la bicicleta de Paloma y me dirigí hacia la comisaría, arrastrando el carrito, que rebosaba paquetes y bolsas. La bicicleta tenía el mismo aspecto que el día en que Paloma llegó a Castañares.

Me detuve en la puerta y esperé a que amaneciera.

¡Ahora tú!

¿Qué crees que va a suceder en el siguiente capítulo? ¿Por qué lo piensas?

¿Cómo te sentirías si vivieras en Castañares? ¿Habrías ayudado a Magdalena?

¿Crees que la labor de Paloma era importante? Explica por qué.

DOMINGO, 30 DE JUNIO

Justo cuando el sol asomaba tras las montañas, la puerta del cuartelillo se abrió y Paloma apareció acompañada de dos agentes armados con fusiles.

En ese momento, don Genaro se acercó, con una sonrisa de oreja a oreja, enarbolando su bastón de madera noble. Venía acompañado de su hijo, Genarito, que parecía muy feliz.

—He venido para asegurarme de que la sentencia se cumple —dijo con aire de superioridad.

—Y yo he venido para traerle su bicicleta y sus libros —añadí—. Ya puedes irte, Paloma.

Con lágrimas en los ojos, Paloma me abrazó con fuerza.

—Nunca olvidaré lo que has hecho por mí —dijo entre sollozos—. Tampoco Castañares lo olvidará.

Los policías se rieron a mandíbula batiente de las palabras de Paloma.

—Lo que Castañares no olvidará nunca es que una vez vino una entrometida a traer la discordia y la alteración del orden con sus libracos —se burló don Genaro—. Este pueblo recordará siempre que las autoridades actuamos con mano de hierro y, después de celebrar un juicio justo, la arrojamos de aquí para siempre y la paz volvió a sus calles.

—Y muy a gusto que nos quedamos —se burló Genarito.

Paloma los miró durante unos instantes. Por un momento, pensé que iba a darles un bofetón, pero, en vez de eso, se montó en su bicicleta y, antes de empezar a pedalear, dijo:

—Es usted tan ignorante, don Genaro, que no ve más allá de sus narices. Castañares ha cambiado y usted no se ha dado cuenta de nada. Los vecinos de este pueblo han descubierto el placer de la lectura y ya nunca prescindirán de ella.

—Sin libros, no podrán leer —respondió con arrogancia.

—Algún día, descubrirá usted que se puede leer sin libros. Lo que se lee no se olvida nunca. Y, estos días, sus vecinos han leído mucho —explicó Paloma—. Adiós.

Me hizo un gesto de despedida y apretó los pedales, alejándose de nosotros.

La vi marcharse con una gran pena en el corazón.

Don Genaro estaba muy equivocado si pensaba que los vecinos de Castañares iban a olvidar a Paloma y sus libros.

Ni siquiera imaginaba que los lectores eran más listos que los caciques.

Tardaría muchos años en descubrir que los paquetes que llenaban el carrito de Paloma no eran libros, sino paja, madera o cualquier otra cosa que pudiera simular un ejemplar.

Tardaría demasiado tiempo en saber que todos los libros que habían llegado con Paloma se habían quedado en el pueblo. Tardaría en saber que todos los vecinos se los pudieron intercambiar de forma que todos los ejemplares fueron leídos por todos los vecinos e incluso por sus hijos y, posiblemente, por sus nietos.

Por eso, la gente de Castañares nunca se despertó convertida en un horrible insecto.

Yo seguí el ejemplo de la protagonista de *Mujercitas* y conseguí dedicarme a escribir.

Acabáis de leer mi primer cuento. Espero que os haya gustado.

¡Ahora tú!

¿Qué te parece el final de la historia? Explica tu respuesta.

Inventa un final diferente.

Explica con tus propias palabras cómo cambió Castañares desde la llegada de Paloma.

CLUB de Lectura

Imagina que eres *booktuber*. Prepara una reseña muy breve de *La biblioteca ambulante* y grábala. Haz referencia a la historia y también a las ilustraciones.

Describe el comportamiento de los siguientes personajes y explica, según tu criterio, por qué actúan así:

¿Hay aspectos de la historia de los que te gustaría conocer más datos? ¿Cuáles son?

Recuerda cuáles son los títulos de los libros que Santiago García-Clairac ha incluido en esta aventura. Investiga sobre su argumento y explica con tus propias palabras por qué crees que los eligió.

Formad grupos de tres o cuatro niñas y niños y escribid el comienzo de la historia de Magdalena, cuando, de mayor, se convierte en escritora. Tened en cuenta lo siguiente:

- Debe ser coherente con esta primera parte.
- Tiene que explicar por qué Magdalena se comporta así y cómo llegó a ser escritora.
- Tenéis que valorar si al autor le gustaría el giro que le dais a la protagonista.

DIARIO de Lectura

¿Por qué te gusta leer?

- Porque me hace viajar a lugares mágicos y extraordinarios.
- Porque me permite convertirme en personajes diferentes.
- Porque leer es vivir aventuras.
- Porque aprendo muchas cosas.
- Porque despierta mi imaginación.
- Porque quiero aprender a crear mis propios libros.
- Porque...

¿Qué vas a encontrar en este diario de lectura?

- Juegos y actividades para recordar lo que has leído.
- Ideas para disfrutar de las lecturas que te gustan.
- Sugerencias para leer más y mejor.
- Ideas para compartir lecturas con los que te rodean.

Releer

Repasa lo que ya has leído

Investigar

Investiga lecturas diferentes

Debatir

Comparte tus ideas sobre la lectura

Crear

Crea tus propios retos de lectura

Los textos de este libro

Releer

Recuerda los textos que has leído en este libro y elabora una ficha de cada uno de los bloques. Incluye los siguientes datos:

- Título.
- Autor o autores.
- Ilustrador o ilustradora.
- Tipo de textos que recoge (relatos, novela, teatro...).
- Temas que se tratan.
- Opinión personal.
- Su característica principal (inventa un titular de prensa que lo presente).

Completa este cuestionario con títulos de textos de este libro y las páginas en las que se encuentran.

- El más disparatado.
- El más sorprendente.
- El más emocionante.
- El más aterrador.
- El más interesante.
- El más extraño.
- El más divertido.
- El más inquietante.
- El más misterioso...

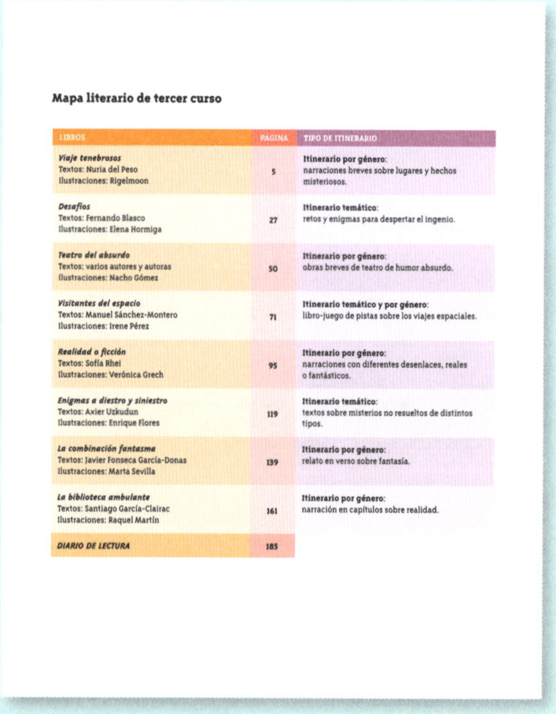

Mapa literario de tercer curso

LIBROS	PÁGINA	TIPO DE ITINERARIO
Viaje tenebrosos Textos: Nuria del Peso Ilustraciones: Rigelmoon	5	**Itinerario por género:** narraciones breves sobre lugares y hechos misteriosos.
Desafíos Textos: Fernando Blasco Ilustraciones: Elena Hormiga	27	**Itinerario temático:** retos y enigmas para despertar el ingenio.
Teatro del absurdo Textos: varios autores y autoras Ilustraciones: Nacho Gómez	50	**Itinerario por género:** obras breves de teatro de humor absurdo.
Visitantes del espacio Textos: Manuel Sánchez-Montero Ilustraciones: Irene Pérez	71	**Itinerario temático y por género:** libro-juego de pistas sobre los viajes espaciales.
Realidad o ficción Textos: Sofía Rhei Ilustraciones: Verónica Grech	95	**Itinerario por género:** narraciones con diferentes desenlaces, reales o fantásticos.
Enigmas a diestro y siniestro Textos: Axier Uzkudun Ilustraciones: Enrique Flores	119	**Itinerario temático:** textos sobre misterios no resueltos de distintos tipos.
La combinación fantasma Textos: Javier Fonseca García-Donas Ilustraciones: Marta Sevilla	139	**Itinerario por género:** relato en verso sobre fantasía.
La biblioteca ambulante Textos: Santiago García-Clairac Ilustraciones: Raquel Martín	161	**Itinerario por género:** narración en capítulos sobre realidad.
DIARIO DE LECTURA	185	

Prepara un monólogo sobre uno de los textos que has leído. Cuéntalo al resto de la clase como si fuera algo que te hubiera sucedido.

Debatir

Preparad entrevistas del siguiente modo:

1. Colocad en una caja papeles con los nombres de diferentes personajes que han aparecido en los textos de este libro.
2. Cada alumno o alumna coge un papelito.
3. Colocaos por parejas. Un miembro de la pareja será el entrevistador y el otro será el entrevistado.
4. Dramatizad entrevistas como si realmente vosotros fuerais los personajes de los textos. Imaginad cuáles serían las preguntas que formularían, las respuestas, las opiniones que darían...
5. Intercambiad las parejas.

Dramatizad las recomendaciones de lectura de un librero o una librera a sus clientes.

- Colocaos por parejas. Uno de vosotros será el librero o la librera y el otro el cliente.
- El cliente pedirá un libro con unas determinadas características y el librero o la librera le recomendará alguno de los textos que hay en este libro.
- Intercambiad los papeles.

Autores y temas

Investigar

Escribe un artículo sobre uno de los autores o ilustradores que han intervenido en este libro. Investiga sobre él o ella y escribe el texto incluyendo todos los datos que puedas encontrar; puedes añadir también alguna fotografía, una imagen de una cubierta de algún libro... Al final, haced entre todos una revista de literatura infantil y juvenil uniendo vuestros artículos.

Piensa cuáles de los temas que has leído te gustaría investigar. Luego, contesta las siguientes preguntas:

- ¿Por qué te interesa ese tema?
- ¿Dónde buscarías la información o a quién le pedirías ayuda?
- ¿Qué te gustaría descubrir?
- ¿Qué dificultades crees que podrías encontrar? ¿Por qué lo piensas?
- ¿Qué harías con la información que encontraras?

Algunas sugerencias de lectura

A continuación, te ofrecemos algunas sugerencias de lectura de diferentes tipos.

Leer más narraciones

El talismán que vino por el aire
Autor: Joan Manuel Gisbert
Ilustraciones: Albert Forcea
Editorial: LOQUELEO

Querido hijo: estás despedido
Autor: Jordi Sierra i Fabra
Ilustraciones: Magalí Colomer
Editorial: LOQUELEO

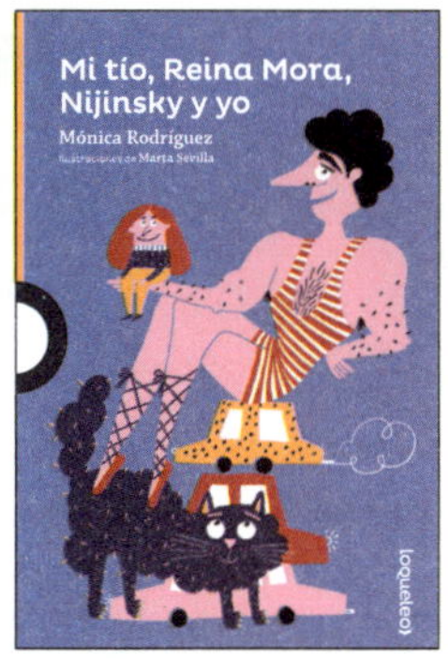

Mi tío, Reina Mora, Nijinsky y yo
Autora: Mónica Rodríguez
Ilustraciones: Marta Sevilla
Editorial: LOQUELEO

Leer más poesía

Poesía española para niños
Autor: varios autores
Ilustraciones: Tino Gatagán
Editorial: LOQUELEO

El viaje del vikingo soñador
Autora: Ana Merino
Ilustraciones: Max
Editorial: LOQUELEO

Leer más teatro

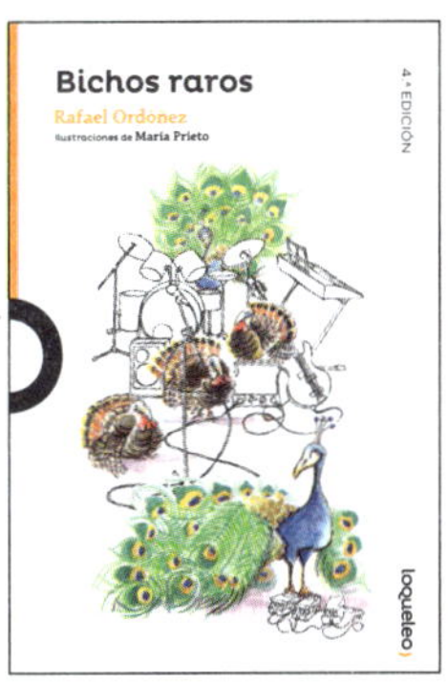

Bichos raros
Autor: Rafael Ordóñez
Ilustraciones: María Prieto
Editorial: LOQUELEO

Detectives de la lectura

Crear

Este juego consiste en descifrar los mensajes secretos que hay en diferentes tarjetas. Para ello hay que preparar primero las tarjetas del siguiente modo:

Necesitas

- Tarjetas de cartulina
- Lápiz y bolígrafo
- Rotuladores de colores

Así se hace

1. Busca oraciones en los textos del libro y elige varias que no sean muy largas.
2. Escribe las oraciones en una tarjeta dejando algunas palabras sin escribir.
3. Dibuja tantos recuadros con números como letras tiene la palabra que falta.
4. Inventa un mensaje secreto que se forme con las letras de las palabras. En estas páginas tienes varios modelos de tarjetas para que te inspires al hacer la tuya.

Después de eso, Belén propone a Blas conseguir una figura aún más ☐☐☐☐☐☐☐☐☐☐.
1 2 3 4 5 6 7 8 9 10

Levantas la lámpara de aceite y descubres en el techo una inscripción hecha con ☐☐☐☐☐☐☐☐☐☐☐☐.
11 12 13 14 15 16 17 18 19 20 21 22

... algunas son más altas que dos jirafas haciendo ☐☐☐☐☐☐☐☐☐☐☐ *una sobre otra.*
23 24 25 26 27 28 29 30 31 32 33

MENSAJE SECRETO: ☐☐☐ ☐☐☐☐☐☐ ☐☐☐
2 14 22 — 27 5 29 13 21 33 — 33 14 6

☐☐☐☐☐☐ ☐☐☐☐☐☐☐
29 3 12 8 21 33 — 4 21 16 12 15 7 33

Así se juega

- Cada niño o niña hace una tarjeta.
- Todas las tarjetas se mezclan bien y se colocan bocabajo sobre una mesa.
- Cada participante (o cada grupo de participantes) coge una tarjeta, completa las palabras que faltan con ayuda del libro y escribe el mensaje secreto.
- Gana el juego la primera persona que consiga descifrar el mensaje secreto que hay en su tarjeta.

En Inverness, Nessie aparece representado por todas partes: en carteles de cafés y restaurantes, en tiendas, en ☐☐☐☐☐☐☐☐☐☐ *.*
1 2 3 4 5 6 7 8 9 10

¿Después de lo que le pasó a nuestro pobre Flord? Él también era ☐☐☐☐☐☐☐☐☐☐☐ *.*
11 12 13 14 15 16 17 18 19 20 21

Cuando llega el final de la ☐☐☐☐☐☐ *, notas un enorme cansancio.*
22 23 24 25 26 27

MENSAJE SECRETO:

☐☐ ☐☐☐☐☐☐☐ ☐☐ ☐☐☐☐☐☐☐☐
5 23 — 17 1 3 6 4 13 27 — 1 20 — 9 15 1 26 6 4 13 27

Cuando empiezan a discutir para ver quién ha ganado la ☐☐☐☐☐☐☐ *, la madre de Dafne les enseña las fotos.*
1 2 3 4 5 6 7

Ahora se investigan técnicas que permitan desenterrar este inmenso ejército ☐☐☐☐☐☐☐☐☐☐☐
8 9 10 11 12 13 14 15 16 17 18

el ☐☐☐☐☐ *.*
19 20 21 22 23

MENSAJE SECRETO:

☐☐☐☐ ☐☐ ☐☐☐☐
21 10 12 3 — 17 2 — 15 21 2 11

☐☐☐☐ ☐☐☐☐☐
8 7 13 15 — 14 22 21 15 6

¿Que por qué me pongo así? Muy señor mío: ¡este balón es ☐☐☐☐☐☐☐☐☐☐☐ *!*
1 2 3 4 5 6 7 8 9 10 11

... os encontráis de nuevo con varios alienígenas con ☐☐☐☐☐☐ *de distintas formas y tamaños.*
12 13 14 15 16 17

Y te ☐☐☐☐☐☐☐☐ *ante él, con* ☐☐☐☐☐☐☐☐ *respeto.*
18 19 20 21 22 23 24 25 — 26 27 28 29 30 31 32 33

MENSAJE SECRETO:

☐☐ ☐☐☐☐☐ ☐☐ ☐☐☐
30 10 — 21 8 14 27 11 — 4 17 — 30 23 9

☐☐☐☐ ☐☐☐☐☐☐☐☐
3 14 6 10 — 16 27 24 1 4 17 8 9

Dirección de arte: José Crespo González.

Proyecto gráfico: villarvera design.

Jefa de proyecto: Rosa Marín González.

Jefe de desarrollo de proyecto: Francisco Javier Tejeda de la Calle.
Desarrollo gráfico: Raúl de Andrés González y Jorge Gómez Tovar.

Dirección técnica: Jorge Mira Fernández.

Coordinación técnica: Julio del Prado Martínez.
Confección y montaje: Eva Hernández Malye.
Corrección: Carolina Galera Fernández, Cristina Durán González y Nuria del Peso Ruiz.
Documentación y selección fotográfica: Marilé Rodrigálvarez Martin.

Fotografía: 123RF/saiki3p; CONTIFOTO/Gianni Ferrari; GETTY IMAGES SALES SPAI/folele, DaniloAndjus, Creative-Touch, Danita Delimont, Prasert Krainukul, Photos.com Plus, Thinkstock; I. PREYSLER; ARCHIVO SANTILLANA.